江苏大学专著出版基金资助

金里卡

Will Kymlicka

少数族群权利理论研究

张慧卿 著

人民出版社

目　　录

导　论

一、问题的提出及研究意义

（一）问题的提出

"权利"是西方政治思想史上最为核心的概念之一，特别是以洛克为代表的古典自由主义诞生以来，"权利"成为西方思想家们思考政治问题的出发点，人们权利的实现程度成为衡量国家合法性、公共权力配置合理性、社会进步程度的根本依据。公民权利是个体基于公民身份所获得的权利，在自由主义发展的不同阶段，不同自由主义者对公民权利的理解有很大差异，但都把公民权利看成是个体权利，是普遍平等的权利。自由主义的公民权利观对西方社会发展、个人解放无疑起到了很关键的作用，然而随着当代社会多元异质性的加剧，自由主义公民权利观的局限性凸显。当今世界，大多数国家是多民族或多种族国家，自由主义的公民权利观无法满足少数族群对集体权利和差异性权利的要求。多元文化主义应运而生。

不同的多元文化主义流派对少数族群权利诉求的理解是不同的。金里卡是当代多元文化主义政治思想的杰出代表，对西方的多元文化主义理论和政策的发展贡献很大。他的少数族群权利理论，实质上是在自由主义的框架内对少数族群权利的合法性进行道德论证，他对在全球普及自由的多元文化主义少数族群权利模式寄予厚望。然而，他的这一愿望如若实现，果真能像他所期望的那样，成功解决多民族和多种族国家的族群问题吗？

对金里卡这一理论的阐释、批判和反思，具有重要的理论意义和现实意义。当前世界各国的族群关系现状体现了这一点。

（二）研究意义

本书坚持马克思主义历史主义的分析方法，研究金里卡自由的多元文化主义少数族群权利及其国际化思想，分析其合理成分及内在张力，透视西方自由民主国家在处理国家与少数族群关系时所取得的经验以及存在的问题，进而对中国处理国家与少数族群关系提供借鉴以及警示。

1. 理论意义

其一，研究金里卡自由的多元文化主义少数族群权利及其国际化思想有助于厘清自由主义普适性公民权利、自由的多元文化主义、少数族群权利等概念的含义。自由的多元文化主义、公民权利、少数族群权利的含义极其复杂。通过对公民权利理论的系统剖析，对少数族群权利逻辑的阐释以及对自由的多元文化主义内涵的分析，有助于对这些概念有一清晰认识。

其二，研究自由的多元文化主义少数族群权利理论，以及金里卡对该模式国际化现状与趋势的分析，有助于我们认清自由的多元文化主义理论的本质。无可否认，自由的多元文化主义促进了西方自由民主国家族群关系的良性发展，但我们不可对其盲目认同，不加批判地接收。本书的分析旨在帮助我们认清自由的多元文化主义并没有超越自由主义的理论框架这一本质，从而深入理解西方自由主义以个人为本位的出发点、普遍主义的思维方式以及权利至上观念的狭隘性，避免学界盲目套用西方模式。

2. 现实意义

本书的现实意义在于批判地借鉴吸收西方多元文化主义政策，为完善我国的民族制度和政策、为我国如何对待在华的外籍人士以及海外华人提供借鉴，为解决我国城乡二元格局下的外来务工人员问题提供参考，同时防止多元文化主义政策的不利影响。

其一，研究金里卡少数族群权利理论有助于我们借鉴西方的多元文化主义政策来处理中国的少数民族问题。西方自由的多元文化政策有许多可供借鉴的地方，例如我们可以借鉴西方群体代表制的一些具体做法来完善我国的代表制度。我国不存在加拿大、澳大利亚、美国那样典型的移民问题，但在我国留学、工作的外国人很多，如何保障这部分人的权利，使其真正融入我们的社会和文化，同样可以借鉴多元文化主义的一些政策。另外，在马来西亚、泰国、印度尼西亚等国的华人生活状况堪忧，多元文化主义同样为改善海外华人的状况提供了经验。除此之外，我国虽然没有大规模来自海外的移民，但改革开放以后，出现了农村到城市的移民潮。城乡二元格局的现状，造成了外来务工人员在就业、医疗、住房、社会保障及其子女教育等方面的大量问题，如何保障城市外来务工人员的权利，培养其对城市的归属感，从而减少各种社会问题的发生，在一定程度上也可以借鉴多元文化主义政策的做法。

其二，认识到西方多元文化主义政策的局限性，有助于我们在处理国家与少数族群关系时少走弯路。西方自由的多元文化主义呈现全球渗透的迅猛趋势，分析其理论与实践之间存在的张力，有助于我们保持警惕。我们不能被西方自由民主国家在全世界推行普遍"人权"的表象所迷惑，我们必须认识到其在全球推行"普世价值"的野心，以及"普世价值容易为专制主义、霸权主义提供借口"① 的危害性。这一问题的研究，还有助于我们认识到多民族联邦制容易导致分离主义的危险性，从而坚定坚持和不断完善我国少数民族区域自治制度的制度自信。

二、国内外研究现状

在西方国家，特别是加拿大、澳大利亚、美国等移民国家，多元文化主义的研究甚为繁荣。金里卡认为，从 20 世纪七八十年代开始，西方多元文化主义经历了三个发展阶段：第一阶段为作为社群主义的多元文化主义，第二阶段为自由主义框架内的多元文化主义，第三阶段为对民族建构进行回应的多元文化主义。② 在国内，对多元文化主

---

① 马德普：《价值问题的复杂性与"普世价值"概念的误导性》，《政治学研究》2009 年第 1 期。
② ［加］威尔·金里卡：《当代政治哲学》，刘莘译，上海三联书店出版社 2004 年版，第 602—615 页。

义的研究则是从本世纪初开始的，主要是对多元文化主义的理论、政策、社会运动进行介绍和评价。对多元文化主义内部分歧及其局限性则较少研究。本书力图阐释金里卡自由的多元文化主义少数族群权利理论及其对该权利模式国际化的分析，进而指出这一理论存在的固有缺陷。

（一）对金里卡思想的研究

威尔·金里卡是加拿大著名的政治哲学家，现为女王大学哲学系教授，在女王大学工作之前，他曾任教于美国、加拿大、欧洲等多所大学。目前，他还作为匈牙利中欧大学的访问学者，主持着有关民族主义研究的项目。他对多元文化主义政治思潮和政策的发展做出了突出贡献。金里卡共出版了八部专著：《自由主义、社群与文化》（1989）、《当代政治哲学》（1990）、《多元文化公民权：一种有关少数族群权利的自由主义理论》（1995）、《国家、民族和文化》（1997）、《发现自己的道路：加拿大族裔文化关系反思》（1998）、《少数的权利：民族主义、多元文化主义和公民权》（2001）、《多元文化主义的长途冒险旅行：基于多样性政治国际化的分析》（2007）、《动物政治学：有关动物权利的政治学分析》（2011）。主编的著作有十八部：《政治哲学中的正义》（1992）、《少数族群文化权利》（1995）、《种族与群体权利》（1997）、《多样性社会中的公民权利》（2000）、《公民社会的非传统解释》（2002）、《自由多元主义可以输出吗？西方政治和族群关系理论在东欧》（2002）、《语言权利与政治理论》（2003）、《非洲族群与民主》（2004）、《亚洲多元文化主义》（2005）、《多元文化主义与福利国家：当今民主政治中的承认与再分配》（2006）、《道德规范的全球化：宗教与世俗的视角》（2006）、《多元文化社会中的协商政治》(2008)、《社会与政治思想选集》(2008)、《公共领域的认同政治：制度的回归》(2011)、《根深蒂固的世界主义：加拿大与世界》(2012)、《阿拉伯世界的多元文化主义与少数族群权利》(2014)、《刑法与文化多样性》(2014)、《种族多样性的国际治理方法》(2015)；发表200多篇论文；作品被翻译成32国文字。他不仅著作等身，而且荣誉满载，其中1995年出版的《多元文化公民权》获美国政治学会的邦奇奖和加拿大政治学协会的麦克佛森奖，个人于2009年获得加拿大社会科学总理发现奖。

从国外对金里卡思想的研究现状来看，他的两部著作《多元文化公民权：一种有关少数族群权利的自由主义理论》和《多元文化主义的长途冒险旅行：基于多样性政治国际化的分析》引起了西方学者的广泛关注。《多元文化公民权》受到了帕瑞克、艾丽斯·玛瑞恩·扬、卡伦斯、福斯特、何包刚等人的批评。这些学者主要从以下三个角度对金里卡进行批评：其一，卡伦斯和扬批判了金里卡理论分析少数族群主体所采用的"种族—民族"二分法，他们认为金里卡的分类过于绝对，忽略了一些少数族群的需求和利益。其二，帕瑞克和福斯特对金里卡多元文化主义思想的理论根基提出质疑。他们认为，金里卡的观点是建立在自由主义基本原则基础上的，这事实上与多元文化主义的精神主旨是不相符的，因为非自由主义文化遭到了忽视。其三，何包刚则认为，金里卡的理论过分强调个体权利，而忽略了集体价值，而这恰恰体现了东西方文化的差异。金里卡对这些批评进行了回应。他认为扬和卡伦斯所提到的群体都是特例，对其问题的解决可以参照对种族和民族群体的做法。他认为西方自由民主社会的少数族群成员大多数接受自由民主规范。因此，并不存在自由主义文化和非自由主义文化的明显冲突。①

　　西方学者对《多元文化主义的长途冒险旅行：基于多样性政治国际化的分析》一书的批评意见集中体现为以下两方面：一是对金里卡思想基础的质疑。这事实上是对《多元文化公民权》一书批评的延伸。二是对少数族群权利国际化可能性提出的质疑。批评者并非对西方社会的成功实践提出质疑，而是指出这些实践是实用主义的，而非规范性的，因此不能转化为少数族群权利国际化的标准。同时，在政治理论与政治实践之间存在着巨大的张力。②

———————————

① 关于这些争论，详见以下论文和著作：Bhikhu Parekh, Dillema of A Multicutural Theory Of Citizenship, *Constellations* Vol. 4, No.1 (1997).

Rainer Forst, Foundations of a Theory of Multicultural Jusitice, *Constellations* Vol. 4, No.1 (1997).

Will Kymlicka, Do We Need A Liberal Theory of Minority Rights? Reply To Carens, Young, Parekh and Forst, *Constellations* Vol. 4, No.1 (1997).

baogang he, Confucianism Versus Liberalism Over Minority Rights：A Critical Response to Will Kymlicka, *Journal of Chinese Philosophy*, Vol. 31, No.1 (1997).

Iris Marion Young, A Multicultural Continuum：A Critical of Will Kymlicka's Ethnic-Nation Dichotomy, *Constellations* Vol. 4, No.1 (1997).

Bhikhu Parekh, *Rethinking Multiculturalism*, Cambridge and Mass：Harvard University Press, 2000.

② 关于这些争论，详见以下论文：

Christine Chwaszcza, Review symposium, *The theory and practice of multicultural theorizing*, Vol. 8, No.2 (2008).

Gwendolyn Sasse, Kymlicka's odyssey-lured by norms into the rocks of politics, *Ethnicities*, Vol. 8, No.2 (2008).

Robert E. Goodin, Liberal Multiculturalism：Protective and Polyglot, *Political Theory*, Vol. 34, No.3 (2006).

Rainer Baubock, What went wrong with liberal multiculturalism？, *Ethnicities*, Vol. 8, No.2 (2008).

Will Kymlicka, Review symposium：Reply, *Ethnicities*, Vol. 8, No.2 (2008), p.279.

从国内的研究来看，金里卡的《当代政治哲学》、《多元文化公民权》、《少数的权利》三部著作被翻译成中文，另有《自由的多元文化主义：西方模式、全球趋势和亚洲争论》、《公民的回归——公民理论近作综述》、《关于正义和社群的一些问题》、《语言权利与政治理论》、《世界主义、民族国家与少数民族的民族主义——对近年来文献的批评性评论》、《自由平等主义与公民共和主义：朋友抑或敌人》、《从启蒙世界主义到自由民族主义》、《论公民教育》、《自由主义的个人主义与自由主义的中立性》、《少数群体权利的国际化》、《多民族国家中的认同政治》、《当代政治哲学前沿：多元立场、公民身份与全球视野》、《多元文化主义的兴衰？关于多样性社会中接纳与包容的新争论》、《多民族国家的多元文化公民》、《自由多元文化主义假说的检视：规范理论和社会科学的证据》等论文被翻译成中文。对金里卡思想进行系统研究的博士论文有两篇——《族群差异权利之道德证成——秦力克自由主义多元文化论之可能性》（张培伦，2005）、《金里卡少数族群权利理论研究》（张慧卿，2011）①。硕士学位论文有四篇：《求同存异：政治秩序下的多元文化共存——凯姆利卡多元文化主义政治思想研究》（祁晋文，2005）、《自由主义框架下的多元文化共存——金里卡多元文化主义思想研究》（陈星卫，2012）、《自我与文化成员身份——论金里卡多元文化主义与少数群体权利思想》（唐立志，2013）、《文化成员身份认同的困

Andreas Wimmer，Review symposium：The left-Herderian ontology of multiculturalism，*Ethnicities*，Vol. 8，No.2 (2008)．

Rainer Bauböck，Review symposium：Multicultural Odysseys：Navigating the New International Politics of Diversity by Will Kymlicka：The global odysseys of liberal multiculturalism，*Ethnicities*，Vol. 8，No.2 (2008)．

① 本书即是在此博士论文基础上修改而成的。

境——金里卡政治思想研究》①（赵佳，2013）。研究金里卡的期刊论文有 19 篇、会议论文有 1 篇。另外，对金里卡思想的论述散见于博士论文《文化多元、政治一体：西方多元文化主义政治理论评析》（李丽红，2006）、硕士论文《和而不同、一体多元：多元文化主义政治思潮述评》（李丽红，2003）、《多元文化主义与自由主义的分歧与争论》（陈彩霞，2008）以及多篇期刊论文中。

国内学者对金里卡思想的研究主要体现为以下几个方面：

一是对金里卡《当代政治哲学》一书的导读及评介。

在《为政治寻找理性》一文中，政治哲学界享誉盛名的钱永祥先生对该书做出了全面评价。"威尔·金里卡《当代政治哲学》的中文译本问世基于两个理由，我们应该重视与推介。第一，这是一本极为出众的著作，问题意识精准明晰，论证结构紧密犀利，也涵盖了丰富又扎实的内容，对当代政治哲学的全局发展提供了准确深入的介绍，值得一切对政治和哲学思考有兴趣的人细读。第二，政治哲学本身的发展，关系到政治究竟能不能成为一种有理性可言的活动，值得社会上具有实践意识的公民们积极涉猎，本书堪称他们最得力的入门津梁。"②该文通过对当代政治哲学兴衰的分析，以及对《当代政治哲学》一书逻辑架构的分析，指出政治理性缺失的弊端，从而主张寻找已经失落的政治理性，以便更好地为政治现实服务。

---

① 常士訚教授主编的《异中求和：当代西方多元文化主义政治思想研究》一书中，关于金里卡自由的多元文化主义思想的介绍是对这一论文的提炼，本文在介绍文献时，以书里的内容为主，对硕士论文不进行单独的述评。

② 钱永祥：《为政治寻找理性——威尔·金里卡〈当代政治哲学〉中译本导读》，《开放时代》2003 年第 6 期。

　　《自由与正义之辩》、《多元与共存之维》对《当代政治哲学》一书中所阐发的各思潮进行了通俗解读。前者从"无知之幕"与"反思的平衡"对罗尔斯正义原则的辩护、自由主义的平等主义者罗尔斯与德沃金的区别、比较转移原则与再分配原则的正义程度、马克思主义对正义的超越及其困境等几个角度介绍了该书中所包含的自由至上主义、自由平等主义以及马克思主义，最后从高考与正义关系的角度探讨了其对中国的现实启示。后者从全球化是社群主义复兴的希望、公民社会与公民资格、文化多元主义的复杂性、女权主义的新视域等几个角度介绍了社群主义、公民资格理论、文化多元主义、女权主义①，最后揭示了多元社会背景下，西方思潮在解决社会问题时所体现出的无力，主张以赵汀阳先生"天下体系"的视野来应对多元危机。②

　　《共和主义与公民参与》一文对金里卡所论述的共和主义思想进行了述评。该文指出，金里卡把温和的共和主义归入自由主义的类别是不恰当的。"金里卡的介绍中首先有一个颇为古怪的地方，就是把共和主义中的较为温和的观点称为是自由主义的，而不顾及这些学者声称自己是共和主义立场。"③金里卡所认为的公民参与具有工具性价值和内在价值的二分法是值得商榷的。该文作者认为公民参与的工具性价值和内在价值是可以统一的，共和主义是对自由主义所体现出来的缺陷的修补，而不是像金里卡所认为的那样，公民共和主义与自由主义并无本质的

---

① 该书中的文化多元主义的含义等同于当前学术界的"多元文化主义"（multiculturalism）。
② 具体论证详见蔡宗模：《自由与正义之辩：读威尔·金里卡〈当代政治哲学〉（上）》，《社会科学论坛》2010 年第 6 期；蔡宗模：《多元与共存之维：读威尔·金里卡〈当代政治哲学〉（下）》，《社会科学论坛》2010 年第 12 期。
③ 曾纪茂：《共和主义与公民参与——评金里卡〈当代政治哲学〉中关于共和主义的评述》，《四川大学学报》2005 年第 5 期。

区别。

《重构新自由主义平等待人的理念——兼评金里卡的道德直觉说》一文，对金里卡所阐释的"新自由主义平等待人理念"提出了质疑。金里卡认为罗尔斯、德沃金平等待人的理念根基于"钝于禀赋、敏于志向"的道德直觉，这意味着不平等若是由个人选择造成的，个人需要对此承担责任，若由个人无法选择的境况造成的，个人不应当为此承担责任。作者对金里卡这一阐释进行了批驳，并对新自由主义平等待人理念的道德直觉进行了重构，他认为"新自由主义平等待人的理念由两个相关的道德直觉所构成：全体—敏于境况而个体—敏于志向"。①

二是对《少数的权利：民族主义、多元文化主义和公民权》② 一书的评介。

谢燕的《多元文化政策中的民族国家构建——读〈少数的权利——民族主义、多元文化主义和公民〉》对金里卡"少数的权利"进行了解释。"金里卡书中所说的'少数的权利'主要指的是少数群体的权利，尽管他并没有对少数群体给出确切的定义和分类，但从他的分析中可以看出少数群体一般包括三个大的群体：少数民族、移民和客籍民。"③ 本书并不赞同谢燕的分析。本书认为，"少数的权利"不仅包括少数群体的权利，更主要的是少数群体成员作为个体的权利。无论是作为个体还是作为群体，抑或是作为群体中的一定人数的人的权利，都是基

---

① 闻晓祥：《重构新自由主义平等待人的理念——兼评金里卡的道德直觉说》，《社会科学辑刊》2009 年第 6 期。

② 该书的中译本书名为《少数的权利：民族主义、多元文化主义和公民（citizenship）》，笔者认为，"citizenship"翻译成"公民权"更符合金里卡的本意。

③ 谢燕：《多元文化政策中的民族国家构建——读〈少数的权利——民族主义、多元文化主义和公民〉》，《今日南国》2010 年第 1 期。

于文化成员身份获得的。关于这一点，将在本书第二章进行详细论述。
而且金里卡论述的重点集中在少数民族和移民身上，虽然也提到"客籍
民"①、持孤立主义立场的种族宗教群体、非洲裔美国人等。该论文还认
为金里卡的少数权利思想事实上是处于不利处境的少数群体对民族建构
政策的回应。另外，该论文认为移民多元文化主义有助于促进族裔文化
公正。这两方面的介绍是符合金里卡思想的。

朱联碧在《"多元文化主义"与"民族—国家"的建构》一文中，
介绍了金里卡对多元文化主义理论争论三个阶段的划分：第一阶段为与
自由主义对立的多元文化主义，第二阶段为自由主义理论框架内部的多
元文化主义，第三阶段为作为民族国家建构回应的多元文化主义。②

三是对金里卡多元文化主义政治思想的研究。

常士闾主编的《异中求和：当代西方多元文化主义政治思想研究》
一书，从群体权利与自由主义、政治制度建设与政治整合、多元文化与
社会团结等角度对金里卡的思想进行了全面介绍。该文指出：金里卡认
为，群体权利与自由主义的自由、平等原则并不矛盾。团体代表制与联
邦制有利于促进政治整合，同时联邦制并不排除分离的危险；多元文化
主义政策有助于社会团结。

要理解金里卡的多元文化主义思想，最根本的问题是要弄清楚自
由主义与多元文化主义的关系，公民身份与文化成员身份的关系，或者
公民权利与少数族群权利的关系。

---

① "客籍民"（"metics"）在《当代政治哲学》一书中被翻译为"非公民定居者"。另外还有
　　"客工"的译法。
② 具体论述见朱联碧：《"多元文化主义"与"民族—国家"的建构》，《世界民族》2008 年第
　　1 期。

　　在关于自由主义和多元文化主义关系的研究上，最具代表性的作品为张培伦的博士论文。该论文分析了多元文化主义与自由主义自主性、平等、正义、宽容等理念之间的内在联系，对金里卡自己所认为的多元文化主义是"在自由主义框架内对少数族群权利进行辩护"的主张提出了质疑。从对自由主义与个人自主性关系的分析来看，金里卡认为，文化成员身份对于个人自主性具有重要意义，因为文化作为选择脉络和认同聚焦而存在。张培伦认为这一主张忽略了自由主义进步的面向。在分析多元文化主义与平等原则之间的关系时，赋予少数族群差异权利是金里卡的核心主张，张培伦则担心赋予少数族群差异权利，会造成另外一种不平等，即多数人处于不利处境。在多元文化主义与宽容的关系上，对于非自由主义文化群体，自由主义的态度通常是很微妙的。金里卡的思想同样体现了这一微妙性。张培伦指出了这一局限性。①

　　本书想要补充的是，对自由主义与多元文化主义关系的分析，还可以从多元文化主义与价值多元论的关系进行探讨。在伯林关于价值多元论的经典论述里，对价值多元论的第三个层面是这样解释的：不同的文化形式产生出不同的道德和价值，这些文化尽管包含着一些重叠交叉的特征，但也有许多不同的、不可通约的优点、美德和善的观念。这种根源于不同文化或社会结构的善的观念也会是互相冲突的、不可通约的。而多元文化主义正是要尊重各种不同的社会性文化，保障族群差异权利，因此符合价值多元论的原则。但价值多元论是否是自由主义的基

---

① 详细论述见张培伦：《族群差异权利之道德证成——秦力克自由主义多元文化论之可能性》，国立台湾大学哲学研究所博士论文，2005 年。

本理念本身是值得商榷的，因此从价值多元论的角度来探讨自由主义与多元文化主义的关系，也就很难有定论。

在关于公民身份与文化成员身份（或族群身份）关系的论述上，庞金友指出：金里卡认为，族群身份是否对公民身份造成冲击，取决于体现族群身份的权利是什么性质的权利。语言权和族群代表权不会对公民身份造成冲击，而自治权却可能威胁到公民身份。他认为，金里卡处理族群身份与公民身份的方式是使公民身份包容族群身份。"金里卡试图在族群身份与公民身份中寻找一个和谐的节点，使后者合理地'包容'前者，从而缓解两者间的冲突的努力是值得我们借鉴和反思的。"[①]黄其松认为，"金里卡试图通过强调公民身份的文化属性来证成少数民族权利的正当性"。[②]

王辉介绍了金里卡对多元文化主义的辩护。他认为针对当前欧洲国家对多元文化主义政策衰退的提法，金里卡通过对多元文化主义指数温和增长，以及市民整合指数快速增长的分析，指出："多元文化主义可以和市民整合政策一起使用，这不仅符合西方的自由主义原则，而且在实践上是可行的。多元文化主义仍然是西方民主国家民族政策的一种重要选择。"[③]

四是对金里卡少数族群权利及其国际化思想的研究。

当前国内学术界并没有系统研究金里卡少数族群权利思想的著作和论文，但个别作品对金里卡的少数族群权利思想有所介绍与评价。如

---

① 庞金友：《身份、差异与认同：当代多元文化主义的公民观》，《教学与研究》2010 年第 2 期。

② 黄其松：《多元文化、少数民族权利与民族国家建构——以金里卡的多元文化主义理论为中心的考察》，《贵州社会科学》2014 年第 2 期。

③ 王辉：《金里卡对多元文化主义辩护的评析》，《民族高等教育研究》2014 年第 2 期。

前所述，常士闿教授主编的《异中求和：当代西方多元文化主义政治思想研究》一书，对群体权利与自由主义所包含的自由、平等基本原则的关系进行了论述，论证了群体权利与自由主义基本原则的一致性。但"群体权利"的提法本身是值得商榷的。吕普生引用金里卡的论述作为其论证的依据，并指出，金里卡认为少数族群权利是对公民权利的补充。"为弥补公民权利在实践中可能存在的缺陷，方法之一就是赋予族裔少数群体以相应的权利。"① 侯发兵认为金里卡所倡导的少数群体权利游走于自由主义和社群主义之间，金里卡的少数群体集体权利思想没有充分反映种族政治的复杂性。②

关于金里卡少数族群权利国际化思想的研究，主要体现在笔者的《自由的多元文化主义国际化及悖论——威尔·金里卡少数族群权利理论剖析》（2012）、《金里卡论自由的多元文化主义国际化的可能性》（2014）两篇论文中，具体思想将在本书的第三章体现。

（二）对多元文化主义政治思想的研究

金里卡有关少数族群权利的思想，是以自由的多元文化主义为理论框架的。而自由的多元文化主义又是多元文化主义的一种。要想对金里卡少数族群权利思想有清晰的认识，有必要了解多元文化主义的研究现状。

从国外的研究状况来看，西方多元文化主义存在不同的思想派别：社群主义的多元文化主义主张个人利益的实现离不开社会的共同利

---

① 吕普生：《多元文化主义对族裔少数群体权利的理论建构》，《民族研究》2009 年第 4 期。

② 侯发兵：《金里卡少数群体集体权利思想探析》，《中共杭州市委党校》2013 年第 1 期。

益，应建立一个基于个人选择和集体生活方式相平衡的共同体，以查尔斯·泰勒的"承认的政治"以及迈克尔·沃尔泽的复杂平等观为代表。自由主义的多元文化主义试图调和个人权利与少数族群权利，以威尔·金里卡的自由多元文化主义思想、耶尔·塔米尔的自由主义的民族主义思想、威廉·盖尔斯顿的自由多元主义思想、雅各布·莱威的恐惧的多元文化主义思想为代表。激进的多元文化主义强调文化平等与"去中心化"，对"欧洲中心论"提出了挑战。以艾丽斯·玛瑞恩·杨的差异政治论、詹姆斯·塔利多元文化主义宪政思想、比丘·帕瑞克的交互关系的多元文化论为代表。保守主义的多元文化主义在主流价值观念主导下承认文化多样性，用传统主流文化控制多元文化的发展，其中以内森·格莱泽、阿尔文·施密德、阿瑟·施莱辛格对多元文化主义的反思为代表。

多元文化主义对"欧洲中心论"和传统价值观提出了挑战，引起不同思想流派的激烈交战。20 世纪末以来，多元文化主义遭到了来自外部和内部、理论与政策实践领域的各种挑战，多元文化主义理论试图通过对少数族群权利的建构来处理多族群共存的问题，这引发了保守主义、自由主义对它的批评。保守主义者质疑多元文化主义是否会扩大族群差异和冲突，甚至导致统一国家的分裂。自由主义者则怀疑多元文化主义与自由主义能否兼容。①

对多元文化主义国际化的研究，以金里卡的两部著作为代表。在《自由的多元文化主义可以输出吗？西方政治理论与东欧族际政治》

---

① 关于多元文化主义国外研究现状的详细论述，参见常士訚主编：《异中求和：当代西方多元文化主义政治思想研究》，人民出版社 2009 年版。

（2001）一书的前半部分，金里卡对西方自由民主国家所涌现出的多元文化主义进行了阐释，并分析了自由的多元文化主义要想在东欧生根发芽需要具备的要素。后半部分包括十五个对该地区少数族群问题甚为关注的学者和政治家针对金里卡观点的评论，以及金里卡的回应。该书以及下一本书引发了人们对西方模式是否应该输出到世界其他地区的思考。《多元文化主义的长途冒险旅行：基于多样性政治国际化的分析》（2007）是在前一本书的基础上所进行的更为深入的研究。金里卡对自由的多元文化主义全球扩散的趋势进行了分析，指出自由的多元文化主义的全球扩散以不侵犯人权为底线，是在自由民主的框架之内进行的。他在分析西方自由民主国家多元文化主义政策的运行现状及"后殖民国家""后共产主义国家"少数族群权利保护状况的基础上，对自由的多元文化主义少数族群权利模式在这些国家普及的现状以及可能性进行了论述，分析了造成当前状况的原因，并提出了西方模式全球普及的策略。

　　从国内的研究来看，目前的专著主要有两部，译著多部。其中，常士訚教授的《异中求和：当代西方多元文化主义政治思想研究》对西方多元文化主义的基本价值、国家与族群关系、政治建构思想、思想流派进行了翔实的介绍。杨洪贵的《澳大利亚多元文化主义》一书，介绍了澳大利亚的文化多样性以及多元文化主义理念及政策。近年来，国内学者翻译的有关多元文化主义的著作有：金里卡的《自由主义、社群与文化》、《多元文化公民权：一种有关少数族群权利的自由主义理论》①、

---

①　另一中译本的书名为《多元文化的公民身份——一种自由主义的少数群体权利理论》，笔者认为文中提到的译名更符合金里卡先生的原意。

《少数的权利：民族主义、多元文化主义和公民》；耶尔·塔米尔的《自由主义的民族主义》、迈克尔·沃尔泽的《正义诸领域：为多元主义与平等一辩》、詹姆斯·塔利的《陌生的多样性——歧异时代的宪政主义》、阿瑟·施莱辛格的《美国的分裂》、亨廷顿的《我们是谁：美国国家特性面临的挑战》、沃特森的《多元文化主义》。

关于多元文化主义的博士论文有《文化多元、政治一体——西方多元文化主义政治理论评析》（李丽红，2006），硕士论文有《和而不同，一体多元》（李丽红，2003）、《论美国多元文化主义的形成及其与自由主义民主的相互影响》（詹晋洁，2002 年）、《多元文化主义与自由主义的分歧与争论》（陈彩霞，2008）、《美国多元文化主义权利理论评析》（王晓迪，2008）、《多元文化主义中少数民族文化保护的法理思考》（徐飞，2008）、《多元文化主义视角下英国对穆斯林的融合问题》（曾琳，2008）、《多元文化主义与澳大利亚民族认同》（黄骞，2008）等。李丽红的博士论文介绍了多元文化主义的形成，并对多元文化主义进行了评价。硕士论文则涉及多个角度，涉及法律、人类学、政治哲学等多个研究领域。

国内研究多元文化主义的期刊论文有一百多篇，其中杨洪贵、李未醉、陈华等人的论文对澳大利亚、加拿大、美国等西方国家多元文化主义的理论与政策进行了介绍、比较和评价；王希的论文对多元文化主义理论的产生、内涵及其在美国的影响进行了介绍；张国军、庞金友的论文分析了自由主义与多元文化主义的关系；常士䜌等人的论文对多元文化主义进行了反思和批判；葛水林、李丽红、符岛的论文介绍和评价了西方学者批判多元文化主义的著作与思想；吕普生的论文阐述了多元文化主义与少数族群权利的关系。

接下来，本书对其中有代表性的文献进行述评。

一是多元文化主义的产生、发展和内涵。

在对多元文化主义的来源进行探讨的文献中，李丽红的硕士和博士论文的分析最为深入、透彻。她指出，多元文化主义的产生有以下原因：从理论层面上看，维柯、赫尔德、孟德斯鸠、伯林的思想为其提供了思想基础，后现代主义为其提供了哲学层面的论证；从现实原因看，一方面是少数族群对民族建构政策的回应，另一方面是新社会运动推动的结果。① 多元文化主义的发展经历了四个阶段，第一阶段为 20 世纪初的文化多元主义，是多元文化主义的萌芽期；第二阶段从 20 世纪 60 年代开始，是多元文化主义理论的孕育成熟期；第三阶段为 20 世纪 70 年代，多元文化主义理论发展为解决民族问题和移民问题的政策，多元文化主义思潮正式形成；第四阶段为 80 年代至今！是多元文化主义激烈论争时期。②

关于多元文化主义，目前尚无统一的界定。当前学者从不同的角度理解多元文化主义。沃特森认为，多元文化主义既是历史观、文化观，同时也是教育理念和公共政策。③ 杨洪贵认为，多元文化主义首先是对社会现状的描述，其次是一种思潮，再次是一项政策。④ 李丽红的博士论文所持观点与杨洪贵的观点一致。王希通过对美国多元文化主义

---

① 参见李丽红：《文化多元，政治一体：西方多元文化主义政治理论评析》，天津师范大学政治与行政学院政治学理论专业博士学位论文，2006 年，第 33—41 页。

② 参见李丽红：《和而不同，一体多元》，天津师范大学政治与行政学院政治学理论专业硕士学位论文，2003 年，第 2—5 页。

③ ［英］C. W. 沃特森：《多元文化主义》，叶兴艺译，吉林人民出版社 2005 年版，"导言"第 1—2 页。

④ 参见杨洪贵：《澳大利亚多元文化主义》，西南交通大学出版社 2007 年版，第 49—51 页。

的分析，指出：多元文化主义是一种教育思想和方法、一种历史观，也被用作一种文化批评的理论、一种冷战后的新世界秩序的理论。① 周少青则从事实、理论、意识形态、政策、价值理念等几个维度对多元文化主义进行了分析。②

其他学者的论述大多也持与上述三种观点相似的看法。

韩家炳区分了"多元文化""多元文化主义""文化多元主义"三个概念。他认为，多元文化指的是一种客观事实。"文化多元主义"和"多元文化主义"是社会思潮。多元文化主义与文化多元主义有思想上和历史上的联系，但多元文化主义的意义更强。文化多元主义体现的是白人内部的平等，主要是文化权利的平等。多元文化主义则体现的是所有人种的平等，指向直接的政治诉求。③

这一区分具有重要意义，有助于厘清当前学术界在这一问题认识上的混乱。当前有不少学者对"多元文化主义"（multiculturalism）与"文化多元主义"（cultural pluralism）的区分并不清楚。

关于多元文化主义的内涵，国内大多学者是从群体权利的角度来理解的。其中最具代表性的是李丽红的观点："本文所论的多元文化主义是关于少数群体权利的理论与学说。多元文化主义理论是从西方多民族国家内部的少数群体的角度出发，向主流社会吁求尊重其文化差异和独特的文化身份，保持少数群体的文化完整性和传承性；反对普遍平等与文化同质化，主张赋予少数群体差异的公民身份，实施'差

---

① 参见王希：《多元文化主义的起源、实践与局限性》，《美国研究》2000 年第 2 期。

② 周少青：《多元文化主义视域下的少数民族权利问题》，《民族研究》2012 年第 1 期。

③ 参见韩家炳：《多元文化、文化多元主义、多元文化主义辨析——以美国为例》，《史林》2006 年第 5 期。

异政治'，为少数群体参与国家政治、经济生活提供广阔空间，最终实现真正的平等和文化多元国家和谐发展的理念和主张。"① 这种看法忽视了多元文化主义思潮的内部分野。事实上，不同流派的多元文化主义对权利主体的认识是不同的。社群主义的多元文化主义者更强调群体权利的重要性，而自由的多元文化主义者则更强调个体权利的重要性。

二是对多元文化主义基本价值的分析。

常士闿对多元文化主义基本价值进行了概括。他指出，多元文化主义包含以下基本价值：正义、平等、差异、包容。其中正义体现为权利的正义和复杂平等的正义。不同流派的多元文化主义者，对平等具有不同的理解。扬、金里卡、泰勒、塔利等人的思想中，都体现"差异"这一基本价值。沃尔泽和金里卡都对"宽容"这一价值进行了分析。②

荣司平则认为多元文化主义的价值诉求包括文化多样、民族平等、权利补偿。③

三是对多元文化主义与自由主义关系的分析。

除了上文提到的针对金里卡思想中多元文化主义与自由主义关系的分析外，对二者关系进行研究的代表性作品为庞金友的《族群身份与国家认同：多元文化主义与自由主义的当代论争》，还有陈彩霞的硕士论文《多元文化主义与自由主义的分歧与争论》，他们主要从以下角度

---

① 李丽红：《文化多元，政治一体：西方多元文化主义政治理论评析》，天津师范大学政治与行政学院政治学理论专业博士学位论文，2006 年，第 21—22 页。

② 参见常士闿主编：《异中求和：当代西方多元文化主义政治思想研究》，人民出版社 2009 年版，第 42—83 页。

③ 荣司平：《多元文化主义的价值诉求及其论争》，《青海师范大学学报》（哲学社会科学版）2006 年第 4 期。

来分析二者之间的关系。①

其一为族群身份与公民身份之间的关系。自由主义主张个人拥有完全平等的公民身份，而多元文化主义主张个人除了拥有公民身份外，还拥有族群身份，并提出"差异的公民"概念来缓和二者之间的张力。其二为国家认同与族群认同的关系。庞金友认为，在国家认同与族群认同的关系上，自由主义更强调二者冲突的层面，而多元文化主义更强调二者一致和协调的层面。其三为平等观上的差别。自由主义主张普遍的平等，多元文化主义主张差异的平等。其四为两者在民族—国家建构的态度上存在差异。自由主义倾向于民族同化政策，赞成民族—国家建构的主张，而多元文化主义则反对民族—国家建构。其五为对文化多元与政治一体关系的看法不同。自由主义认为文化多元会威胁到政治一体，而多元文化主义认为只要能够确保少数族群的权利，文化多元不会威胁到政治一体。

以上分析抓住了自由主义与多元文化主义关系的要害，但由于作者只是笼统地谈二者的关系，而没有注意到不同流派的多元文化主义主张的差异，因此其分析有失当之处。特别是在文化多元与政治一体的关系上，保守主义的多元文化主义与自由主义的多元文化主义看法迥异。保守主义的多元文化主义担心文化多元会威胁到政治一体，这在内森·格莱泽《我们都是多元文化主义者》、阿尔文·施密德《多元文化主义的威胁——美国的特洛伊木马》、阿瑟·施莱辛格《美国的分裂》等书中有充分的体现。自由主义的多元文化主义则认为只要处理好公民身份

---

① 详细论证参见庞金友：《族群身份与国家认同：多元文化主义与自由主义的当代论争》，《浙江社会科学》2007 年第 4 期；陈彩霞：《多元文化主义与自由主义的分歧与争论》，天津师范大学政治与行政学院政治学理论专业硕士学位论文，2008 年。

与族群身份的关系，文化多元就不会威胁到政治一体。这在威尔·金里卡的《少数的权利》、《多元文化公民权》、《自由主义、社群与文化》、耶尔·塔米尔的《自由主义的民族主义》等作品中有充分体现。

四是对美国、加拿大、澳大利亚等国多元文化主义理论和政策的介绍与评价。

国内外学者对加拿大、澳大利亚、美国、新加坡等国的多元文化主义政策进行了介绍和评价。

李未醉、高伟浓的《加拿大处理民族关系的政策及其对我国的启示》一文介绍了加拿大多元文化主义的产生、发展和基本内容，并探讨了其对我国处理民族关系的启示。杨洪贵的《澳大利亚多元文化主义研究》一书的第七章详细介绍了澳大利亚多元文化主义政策的确立、内容和发展。刘有发的《从"白澳政策"到"多元文化政策"》一文介绍了澳大利亚在处理族群关系时，从"白澳政策"到"同化政策"再到"多元文化主义政策"的演变。① 陈华、王庆奖的《美国多元文化主义评析》一文介绍了美国多元文化主义的产生背景以及理论争论，该文指出美国多元文化主义产生的背景为 20 世纪五六十年代的民权运动和 60 年代的反文化运动，以及第二次世界大战后人口的变迁，特别是移民的大量涌入。这些因素共同推动了美国多元文化主义的进一步发展。作者介绍了80 年代以后，美国保守和传统势力对多元文化主义的批评，包括激进派的布卢姆对多元文化主义的全面反对，以及温和派的施莱辛格和拉维奇对多元文化主义的矛盾态度，他们支持文化多样性，但对多元文化主义

---

① 详细论证参见刘有发：《从"白澳政策"到"多元文化政策"——浅谈澳大利亚国策的演变》，《江西财经大学学报》2009 年第 5 期。

理论以及多元文化主义教育所衍生的结果表示担忧。① 王思林的《论新加坡多元文化主义及其启示意义》一文，介绍了新加坡的多元文化主义政策及其对我国的启示。该文指出：新加坡的多元文化主义政策的特征为"4M 原则"、"CMIO"模式和"新加坡人"概念②，并介绍了新加坡在语言和教育、宗教、政治经济、社会文化等方面所采取的多元文化主义政策。

五是对多元文化主义理论的积极意义以及局限性的研究。

当前，国内学术界认为多元文化主义具有以下积极意义：

国内对多元文化主义积极意义的探讨，以常士閟的分析最为全面。他认为多元文化主义的理论贡献体现在以下方面：产生和奠定了异中求和的基础。丰富了公民权利思想，促进了对国家的深入认识，彰显了族际政治和跨民族政治研究，进一步暴露了西方自由和民主思想的局限性，多元文化主义采用的新观点和新用语丰富了当代政治学内容。③

国内学者认为多元文化主义具有以下局限性：

首先，多元文化主义并没有解决好"多元"和"一元"的关系。常士閟和王希在其文中都指出了这一点。其次，多元文化主义概念具有模糊性。常士閟指出了这一点。从前文关于多元文化主义内涵和界定的综述中也可以看出这一点。再次，对多元文化主义持久性和社会团结作用发挥不力的担忧。王希在其文中指出了这一点，"多元文化主义面临

---

① 详细论证参见陈华、王庆奖：《美国多元文化主义评析》，《学海》2003 年第 1 期。

② 详细论证参见王思林：《论新加坡多元文化主义及其启示意义》，《边疆经济与文化》2010 年第 5 期。"4M"是指多元种族、多元语言、多元文化和多元宗教。"CMIO"是指华人、马来亚人、印度人和其他人。

③ 参见常士閟主编：《异中求和：当代西方多元文化主义政治思想研究》，人民出版社 2009 年版，第 471—474 页。

的第二个挑战是它是否能够成为一种持久的意识形态和政治胶合剂的问题"。① 最后，多元文化主义没能很好地解决文化与权利结构之间的关系。王希指出了这一点。

六是对西方学者批判多元文化主义的著作与思想的介绍。

王春来介绍了美国保守主义者对多元文化主义的批评和指责。他指出：美国保守主义者批评了移民政策所产生的一系列问题：移民数量的激增，移民构成的变化，愈演愈烈的非法移民问题，以及由此导致的职业竞争、贫困和福利待遇等一系列问题。保守派还对美国的双语政策进行了指责，保守派分析了双语政策带来的种种现实问题，并对其可能对主流价值观造成的冲击表示担忧。保守派还表示出了对民族认同问题的担忧，以及对历史和文化认同的担忧。②

符岛对《我们是谁：美国国家特性面临的挑战》一书进行了介绍，并指出了亨廷顿对多元文化主义的批评，"亨氏强调，'多元文化主义'并不是一种政治理想，而是实利主义的幌子"③。常士闾对该书做出这样的评价："本书虽然主要是对美国国家特性和国民认同意识及其所面临的挑战的探讨，但同时也包含了对美国多元文化主义的批评，认为它是导致美国特性和认同衰减的'元凶'之一。"④

葛水林、刘训练介绍了阿尔文·施密德《多元文化主义的威

---

① 王希：《多元文化主义的起源、实践与局限性》，《美国研究》2000 年第 2 期。

② 参见王春来：《试析美国多元文化主义论争中的保守主义立场》，《历史教学问题》2007 年第 2 期。

③ 符岛：《美国文化的碰撞——略评〈我们是谁：美国国家特性面临的挑战〉》，《广西社会科学》2005 年第 11 期。

④ 常士闾主编：《异中求和：当代西方多元文化主义政治思想研究》，人民出版社 2009 年版，第 446 页。

胁——美国的特洛伊木马》一书对多元文化主义的批判。该书指出：施密德认为，多元文化主义鼓吹非洲文明，否定西方文明；提倡双语教育，推翻了英语的独尊地位；积极支持肯定性行动计划，结果造成新的不公；大打"政治正确"牌，压制了思想和言论自由。[1]

李丽红介绍了阿瑟·施莱辛格《美国的分裂》一书对多元文化主义的批判。该文指出，施莱辛格认为促使美国统一和稳定的大熔炉正面临着多元文化主义的挑战。多元文化主义败坏了美国的历史，并且有可能导致国家的分裂。李丽红认为施莱辛格夸大了多元文化主义对于政治一体的负面影响。[2]

七是对多元文化主义公民观和权利观的分析。

国内学界对多元文化主义公民观的分析，主要集中于两个方面：其一是对公民身份与文化成员身份（或族群身份）的理解，其二是对公民与国家关系的认识。

葛水林认为，公民身份是自由主义和多元文化主义分歧的关键。而这种分歧的原因在于二者对个体的平等尊重的不同理解。"文化多元主义者和自由主义者在公民身份问题上存有的这些分歧，可以说是归因于对个体的平等尊重的两种不同理解——平等究竟是无视差异的一视同仁还是以承认差异为基础的差别对待。"[3]庞金友认为族群身份是一种特殊的公民身份。"多元文化主义的族群身份实际上就是一种区别于一般

---

① 参见葛水林、刘训练：《多元文化主义：美国的特洛伊木马？——阿尔文·施密德对多元文化主义的批判》，《云南行政学院学报》2007年第3期。

② 参见李丽红：《多元文化主义与"美国的分裂"——解读阿瑟·施莱辛格对多元文化主义的批判》，《中共云南省委党校》2007年第6期。

③ 葛水林：《文化多元时代的公民身份》，《中西政治文化论丛》第四辑，天津人民出版社2004年版，第330页。

意义的、有所'差异'的特殊公民身份。"①

　　在公民与国家的关系上，庞金友认为多元文化主义持积极国家观，而自由主义持消极国家观。这一分析同样忽略了多元文化主义不同流派在这一观点上的差异。比如激进的多元文化主义并不主张国家积极作为。

　　吕普生对多元文化主义权利观进行了逻辑架构。他认为多元文化主义的内涵即为族裔少数群体权利。多元文化主义建构族裔少数群体权利的逻辑如下：其事实基础为差异公民，政治逻辑为差异公民的公共性，道德空间为文化成员身份。②

　　（三）对少数族群权利及其国际化的研究

　　对少数族群权利③及其国际化的研究是近几年兴起的，主要在法学领域里展开。在国家图书馆的图书目录里，笔者检索到：《有关少数人权利的双重标准》（Kristin Henrard eds.，2010）、《国家与少数族群的冲突：东亚少数人权利面临的挑战》（Rita Manchanda eds.，2010）、《欧盟人权与少数人权利研究》（Kirsten Shoraka，2010）、《太平洋地区的少数人权利：比较研究的视角》（Joshua Castellino and David Keane，2009）、《政治统治与少数人权利：南亚与东亚事态分析》（Lipi eds.，2009）。只有《多元文化主义的长途冒险旅行：基于多样性政治国际化的分析》（金

---

① 　庞金友：《身份、差异与认同：当代多元文化主义的公民观》，《教学与研究》2010年第2期。
② 　参见吕普生：《多元文化主义对族裔少数群体权利的理论建构》，《民族研究》2009年第4期。
③ 　"minority rights"在法学界通常被翻译为"少数人权利"，其所包含的主体通常是宗教、语言和文化上属于少数人的群体，"少数人"容易给人造成包含弱势群体在内的歧义，因此本文把其翻译为"少数族群权利"。

里卡，2007）是对少数族群权利国际化在法理基础上的道德合理性的规范性分析。在对金里卡思想的综述中，已经介绍过这本书的内容，这里不再赘述。

从国内看，集中探讨少数族群权利的著作有以下两部：《少数人的权利》（李林、李西霞等，2010）、《少数人权利的法理》（周勇，2002），这两本著作是对少数族群权利的法理分析以及个案研究。《少数人的权利》是中国社会科学院法学研究所举办的"少数人权利国际研讨会"文集。全书围绕"少数人权利保护：国际法与国内法视角""少数人权利的平等保护""反歧视政策与少数人权利保护""保护少数人权利国际标准的实施""民族或种族上的少数人权利的国内法律保护：立法、行政和司法"等专题，从国际人权法、区域人权法和国内法的角度进行了深入讨论。《少数人权利的法理》共分三个部分，即有关少数人权利的一般法理论述、具体的案例法和相关国际文献。

少数族群权利及其国际化研究的博士论文有五篇：《中国少数民族经济权利法律保障研究》（翟东堂，2007）、《中国少数民族文化权利法律保障研究》（田艳，2007）、《少数人权利的国际保护》（吴双全，2010）、《〈联合国土著民族权利宣言〉研究》（廖敏文，2009）、《民族权利与国家整合——以中国西南少数民族社会形态变迁为研究对象》（付春，2005）。硕士论文有《民族乡散杂居少数民族儿童受教育权利保障研究——以广西南丹县里湖瑶族乡为个案》（黄柳英，2007）。

研究少数族群权利及其国际化的期刊论文有近 80 篇，大多也是从法学角度进行的研究：李忠、吴双全对少数族群权利的概念进行辨析；吴双全分析了少数族群权利保护的必要性；张爱宁、胡兴东分析了少数族群权利的国际保护现状；张静等人对完善少数民族权利国内法保护体系进行了思考；范可分析了西方国家少数族群权利的论争与实践等。

接下来，本书稿拟对这些文献进行综述。关于少数族群权利的概念界定，正文有专门的陈述，这里不再单独列出。

第一，对少数族群权利国际保护的研究。

吴双全的博士论文《少数人权利的国际保护》界定了"少数人"的概念，阐述了"少数人权利"的主要内容、少数人权利保护的必要性、少数人权利国际保护的制度缺陷及其矫正，分析了中国少数民族权利存在的问题及其应对策略。

廖敏文的博士论文《〈联合国土著民族权利宣言〉研究》是对联合国宣言的法学和文化人类学解释：该文首先分析了国际人权法上有关"民族"的法律用语和概念，并分析了民族的权利、界定了土著概念、追溯了土著问题的来龙去脉，接着分析了土著与人类学的关系，国际社会与土著民族人权事业，土著民族的法律地位，土著民族的自治权和自决权，土著民族的土地权利、文化权利和生态环境权利，最后探讨了《土著民族权利宣言》对中国在现代化进程中少数民族权利保护的启示。①

张爱宁的《少数者权利的国际保护》一文，分析了《联合国宪章》、《公民权利和政治权利国际公约》第 27 条、《关于在民族或种族、宗教和语言上属于少数的人的权利宣言》等国际准则对少数族群权利的保护，分析了保护少数族群权利所涉及的平等和不歧视原则，界定了少数族群的含义。②

---

① 参见廖敏文：《〈联合国土著民族权利宣言〉研究》，中央民族大学法学院民族法学专业博士论文，2009 年。

② 参见张爱宁：《少数者权利的国际保护》，《外交学院学报》2004 年第 1 期。

胡兴东的《国际社会对少数民族权利保护趋势》一文指出，当前国际社会少数民族权利保护呈现以下趋势：一是少数民族保护立法更为完善，包括国际层次的立法、区域层次的立法以及国内层次的立法；二是少数民族权利内容扩大和细化了，包括对传统知识的保护、参与权、发展权、传统法律制度以及自治权的保护；三是少数民族权利保障机制和救济机制的更加完善，同样体现在国际、区域和国内三个层面。①

第二，对国内少数民族权利保护现状的分析及完善保护少数民族权利国内法的思考。

对国内少数民族权利的保护以翟东堂和田艳的博士论文为代表。田艳从少数民族文化权利的法理学基础入手，分析了中国少数民族文化权利法律保障的现状，探讨了全球视野中少数民族文化权利保障的实践对中国的启示，最后提出完善中国少数民族文化权利法律保障制度的具体举措。② 翟东堂从少数民族经济权利的一般理论入手，阐述了中国少数民族经济权利的主要内容，探讨了中国少数民族经济权利法律保障如何运作，指出中国少数民族经济权利的法律救济的具体途径，并探索了解决当前少数民族经济权利保护中存在的基本问题的具体路径。③

雷堂的《少数民族权利的刑法保护》、王娜的《我国刑法对少数民

---

① 参见胡兴东：《国际社会对少数民族权利保护趋势》，《云南民族大学学报》2006 年第 4 期。
② 田艳：《中国少数民族文化权利法律保障研究》，中央民族大学法学院民族法学专业博士学位论文，2007 年。
③ 翟东堂：《中国少数民族经济权利法律保障研究》，中央民族大学法学院民族法学专业博士学位论文，2007 年。

族权利的保护》、吴大华的《中国新刑法典对少数民族权利的保障》等文介绍了刑法对少数民族权利的保护，张静的《我国现行法律对少数民族公民特别民事权利的保护》介绍了我国国内法对少数民族民事权利的保护，胡珀的《论我国少数民族权利保障法律体系的构建》对少数民族权利保护法律体系的构建进行了思考。

第三，对少数民族权利保护的个案分析。

黄柳英的硕士论文以广西南丹县里湖瑶族乡为个案，分析了民族乡散杂居少数民族儿童受教育权利保障状况。该文首先对散杂居儿童受教育权利进行了理论探讨，在分析民族乡散居少数民族儿童受教育权保障现状调查数据的基础上，思考了教育法律、义务教育学校、社会及家庭与散居少数民族儿童受教育权保障之间的关系。①

第四，对西方国家有关少数族群权利论争和实践的分析。

范可分析了西方国家对"异族"认识的演化、"少数民族问题的缘起"以及第二次世界大战后左翼和右翼自由主义者在少数民族权利问题上的争论，并介绍了平权法案的实践及其所引发的争论。②

第五，对民族权利与国家整合关系的分析。

付春以西南少数民族社会变迁为研究对象，分析了民族权利与国家整合的关系。她分析了中国从帝国体系到近代民族国家的演变历程，用中国的理论与实践分析民族与国家的关系，探讨了民族地区社会改革、民族区域自治以及现代化与国家整合的关系，得出"保障少数民族文化权利与国家整合之间实现有机统一的关键点在于：保证多民族国家

---

① 参见黄柳英：《民族乡散杂居少数民族儿童受教育权利保障研究——以广西南丹县里湖瑶族乡为个案》，西南大学教育学院教育经济与管理专业硕士论文，2007 年。

② 参见范可：《西方有关少数民族权利的论争与实践》，《广西民族学院学报》2000 年第 3 期。

内在的统一性和多元性的有机统一"① 的结论。

通过上述文献回顾可以看出，目前国内外学界对多元文化主义以及少数族群权利理论进行了大量的研究，但其研究还存在一些不足。

一是国内学者对多元文化主义的研究起步较晚，大多数是译著和论文，研究专著较少，对多元文化主义的批判和反思力度不够。而且当前对多元文化主义的研究存在理论上的混乱，特别是在一些核心概念的界定上存在很多分歧。一些学者甚至把多元文化主义等同于文化相对主义，造成人们认识上的误区。有些学者并没有认识到多元文化主义自身内部的分歧，认识不到社群主义的多元文化主义、自由主义的多元文化主义、激进主义的多元文化主义、保守主义的多元文化主义等各思想流派的差别。

二是对少数族群权利国际化的分析，无论是国外还是国内，大多是法学和文化人类学角度的研究，多停留于现状描述和如何完善国际法、国内法体系，只有金里卡从道德合理性的角度对其进行规范性分析。这对于真正理解少数族群权利国际化的实质是远远不够的。

三是国内对金里卡的研究，大多停留于翻译其著作和论文、介绍其对各种思潮的评价，对其思想缺乏深入挖掘，尤其是对其自由的多元文化主义的核心——少数族群权利理论，只有个别学者进行了简要的介绍，缺乏系统、深入的论述，对其思想的局限性揭示不够。近年来，金里卡的作品大多集中于自由的多元文化主义少数族群权利模式国际化上，西方学者只是对其相关著作进行评论，国内学者对这一问题，则几

---

① 付春：《民族权利与国家整合——以中国西南少数民族社会形态变迁为研究对象》，复旦大学国际关系与公共事务学院政治学理论专业博士论文，2005 年，第 128 页。

乎没有关注。

综上所述，自由的多元文化主义少数族群权利理论及其国际化有许多值得我们借鉴的地方，虽然这一理论仍旧没有摆脱自由主义的基本框架。我们应当超越自由主义的基本理念和方法，真正从我国国情出发，从该理论及其国际化实践中汲取有利资源，理性地分析我国民族理论和民族政策的经验和不足，从而使我国的国家—族群关系向着更为良性的方向发展。

三、本书思路和方法

（一）研究思路

本书从自由主义公民权利理论入手，在揭示其局限性的基础上，阐述金里卡自由的多元文化主义少数族群权利理论的逻辑，以及他试图调和普适性公民权利与差异性少数族群权利的尝试，挖掘这种调和所存在的内在张力，进而指出自由的多元文化主义与自由主义的一脉相承性。在此基础上，本书还将介绍金里卡对自由的多元文化主义少数族群权利模式国际化的现状、原因以及前景的分析，揭示出其普遍主义的方法论和价值取向。本书最后尝试对金里卡的少数族群权利理论进行评价并通过分析欧洲福利国家困境与多元文化主义政策的关系，对金里卡少数族群理论进行现实观照。

（二）研究方法

本书在马克思主义唯物辩证法的指导下，综合运用文献分析法、比较分析法、跨学科研究法等方法，通过对国内外相关资料的搜集、整理、归纳、概括，提炼出可资借鉴的理论资源，并对其进行深入剖析，对相关问题进行探讨。

1. 文献分析法

文献分析法是研究政治思想史的基础性方法。本文的结论建立在对自由主义公民权利理论批判以及自由的多元文化主义少数族群权利逻辑架构的基础上。因此，重要政治思想家的文本就成为本研究的主要分析来源。本论文的研究必须做好对有关文献的挖掘、分析与归纳，从而为论文提供足够的理论支撑。

2. 比较分析法

对这一方法的运用，集中体现在第三部分西方自由民主国家和金里卡眼中的"后共产主义国家"以及"后殖民国家"少数族群权利保护状况及其原因的比较分析，国际组织与地区性组织在少数族群权利国际化所起作用的比较分析，少数族群权利的国际法定义与金里卡定义的比较等。

3. 跨学科研究法

少数族群权利问题既是政治思想史关注的话题，也是法学、文化人类学、国际政治学关注的话题。本书的一大特点就体现在跨学科研究上。本书既涉及对少数族群权利的规范性分析，也涉及对少数族群权利保护实际状况的描述，还涉及对其进行的法理分析等。

本书原本计划采取文化人类学研究必不可少的方法——参与观察

法、主位与客位研究相结合的方法，以便真正能从被研究者本身的角度理解问题、避免陷入主观臆断。但遗憾的是，由于时间、客观条件制约等方面的原因，在具体研究过程中，并没有用到这两种方法。但在今后的研究中，争取运用这两种方法。

第一章
自由主义普适性公民权利理论及其局限性

　　正如金里卡所言，在 20 世纪 70 年代，政治哲学的中心概念是正义和权利；到了 20 世纪 80 年代，关键词变成了共同体和成员资格；到了 1990 年，公民资格（citizenship）① 成了思想家在所有政治领域的"行话"②。

　　然而，西方研究公民身份（citizenship）理论的学者们深刻体会到，要准确明晰界定这样一个"行话"的含义，绝非易事。瑞森伯格指出，"虽然公民身份（citizenship）在西方政治的思想与实践中是最为古老的制度之一，但却并不是单纯用一种综合性的思想就能够轻易理解的制度。"③ 茱迪·史克拉宣称："再也没有哪一个词汇比'公民权'这个概念在政治上更为核心，在历史上更加多变，在理论上更具争议

---

① "citizenship"一词在中文中有"公民身份"、"公民资格"、"公民权"等多种译法，本书根据不同的语境，采用不同的表述方式。

② ［加］威尔·金里卡，《当代政治哲学》，刘莘译，上海三联书店出版社 2004 年版，第 511—512 页。

③ ［美］彼得·雷森柏格：《西方公民身份传统》，郭台辉译，吉林出版集团有限公司 2009 年版，第 11 页。

了。"① 舒克的说法更有意思，在他看来，"当代政治话语对于公民身份（citizenship）的使用非常宽泛，差不多将它当作了一个空的容器，使用者们可以随意地往里灌注他们自己的社会和政治理念"②。

虽然到目前为止，人们对公民身份的认识和了解还没有达到完全一致，但至少有一些共识。综观国内外学者对公民身份的定义，公民身份的基本内涵为：公民身份被视为个人和国家的关系，意味着个体在国家中的地位，这种地位是通过权利和责任来衡量的。同时，公民身份意味着国家对公民的承认，以及公民对国家的认同。西方公民身份理论有自由主义和共和主义两大传统，自由主义传统的公民身份理论持权利至上的主张，而共和主义传统的公民身份理论则更加强调个体对共同体效忠的责任层面。公民权利是由于公民身份而获得的权利，自由主义者强调权利的至上性，在自由主义者眼里，公民权利和公民身份的具体所指实质上是相同的。本文所分析的公民权利，包括马歇尔所说的狭义上的公民权利、政治权利、社会权利在内的公民的权利。为了与马歇尔笔下的狭义的公民权利相区分，以及突出其普遍主义的特征，本文把其称为"普适性公民权利"。

自由主义理论本身内部有分歧，自由主义的分类也众说纷纭。本书对自由主义的分析，立足于其理论基础，即建立在自然权利基础上的自由主义、功利论基础上的自由主义、价值多元论基础上的自由主义③，对

---

① ［美］茱迪·史克拉：《美国公民权：寻求接纳》，刘满贵译，上海人民出版社 2006 年版，第 2 页。

② ［美］舒克：《自由主义公民权》，见恩靳·伊辛、布雷恩·特纳主编：《公民权研究手册》，王小章译，浙江人民出版社 2007 年版，第 177 页。

③ 关于自由主义和价值多元论的关系，目前尚存在争议，笔者倾向于认为价值多元论为当代自由主义提供了理论基础。

自由主义公民权利理论的分析也是建立在这样的基础上，力图从建立在不同理论基础上的自由主义公民权利理论的发展流变中，揭示出其共同特征，并对其进行批判性的反思。自由主义公民权利理论秉持的是一种普遍主义的思维方式，把个人理解为孤零零的"原子化"的状态，个体是"无牵无挂"的，对个体自主性的强调是理解自由主义公民权利理论的关键。正是基于对个人自主性的重视，自由主义极端强调个体权利。基于个人权利的神圣不可侵犯性，自由主义者在公共领域和私人领域之间划分了清楚的界限，只是把国家看作保护个人权利的工具，认为国家应该保持其"中立性"。在自由主义者眼里，公民和公民之间是平等的，这种平等是普遍的、形式上的平等。而个人本位的出发点、权利至上的主张、国家中立性的定位，以及普遍和形式的平等观则存在颇多弊端。

第一节　自由主义普适性公民权利理论
基础——个人本位与普遍主义

以个人为出发点思考问题，成为自由主义者的一种文化不自觉。诚如丛日云先生所言，"理论上的不自觉实际上是文化上的不自觉。他们在这种文化氛围中浑然不觉的东西，对于生存于另类文化氛围中的我们，却觉得非常鲜明醒目"[①]。

---

① 丛日云：《论古典自由主义的个人主义精神》，《文史哲》2002 年第 3 期。

一、个人本位的出发点

自由主义者眼里的个人，是单子式的个人，"无牵无挂"的个人，自主的个人。

（一）单子式的个人

早期自由主义者构建国家理论的基础是"自然状态"，在他们所描述的"自然状态"中，个人被抽象为孤零零的原子。无论是霍布斯的"一切人对一切人的战争"状态，还是洛克的"自由、平等，但不放任"的自然状态，身处其中的个人都是孤立的个体，他们所拥有的权利是"自然权利"。以边沁、密尔为代表的功利主义者舍弃了"自然状态""自然权利"的理论假设，但是并没有舍弃早期自由主义者从个人出发思考问题的逻辑。直接从个人的生命、幸福、自由出发来思考国家的意义。"最大多数人的最大幸福"里的"最大多数人"是建立在个体简单相加的基础上的。

以罗尔斯为代表的新自由主义者，强调合作的重要性。罗尔斯认为，"社会正义原则的主要问题是社会的基本结构，是一种合作体系中的主要的制度安排。我们知道，这些原则要在这些制度中掌管权利和义务的分派，决定社会生活中利益和负担的恰当的分配。"① 但这种合作体系下的个人仍然是单子式的个人，合作的目的最终是为了满足个人的权利和利益，而不是整体利益一致前提下的合作。

---

① ［美］约翰·罗尔斯：《正义论》，何怀宏等译，中国社会科学文献出版社1988年版，第54页。

（二）无牵无挂的个体

在自由主义者包括新自由主义者眼中，个体是无牵无挂的。这一点突出体现在罗尔斯的"无知之幕"的假设中。罗尔斯认为，"无知之幕"中的个体对自身在社会中的地位、善观念等个体情况以及社会的政治、经济状况等一无所知，"首先，没有人知道他在社会中的地位，他的阶级出身，他也不知道他的天生资质和自然能力的程度，不知道他的理智能力和力量等情形。其次，也没有人知道他的善的观念，他的合理生活计划的特殊性，甚至不知道他的心理特征：像讨厌冒险、乐观或悲观的气质。再次，我假定各方不知道这一社会的经济或政治状况，或者它能达到的文明和文化水平。"① 正如桑德尔所揭示的那样，罗尔斯描述的无知之幕是无牵无挂的自我的图景。"无牵无挂的自我首先描述了我们面对我们所拥有、想要寻找或寻求之事物的方式。它意味着在我拥有的价值和我是何种人之间保持着一种差异。把任何一种特性确定为我的目的、抱负、欲望，如此等等，始终意味着在它们背后隐藏着主体的'我'，并与之保持一定的距离；而且，这种'我'的形态必定优先于我所具有的任何目标或品性。"② 也就是说，自由主义眼中的个体是无牵无挂的，赤条条的。他排除了自我的构成性特征。

（三）强调个人自主性

在自由主义者眼里，自主意味着不受控制或强迫，自由地进行选

---

① ［美］约翰·罗尔斯：《正义论》，何怀宏等译，中国社会科学文献出版社1988年版，第136页。

② ［美］迈克尔·桑德尔：《程序共和国和无牵无挂的自我》，见《公民共和主义》，应奇、刘训练编，东方出版社2006年版，第341页。

择、思考和行动。自由主义者们从不同的角度对个人自主性进行辩护。有的基于权利的考虑，认为自由是按照自己意志行事的权利；有的基于私人领域和公共领域的划分，认为"现代自由的主要特色，恰恰是在制度化的政治生活的狭窄领域之外，给个人提供了广泛的选择余地和选择机会"；①有的基于身体和心灵自由的考虑，认为每个人都是自己的主人，"任何人的行为，只有涉及他人的那部分才须对社会负责。在仅涉及本人的那部分，他的独立性在权利上是绝对的。对于本人自己，对于他自己的身和心，个人乃是最高主权者"②。

伯林则从价值多元论的角度来为个人自主进行辩护，他认为人类价值具有多样性，而这些价值彼此之间是相互冲突的，相互冲突的价值是不可通约的。只有让个人不受干涉地，即自主地选择，才不违背价值的多样性、相互冲突性和不可通约性的特征。而这种自主是通过他所倡导的消极自由来实现的。消极自由回答的问题是："主体（一个人或人的群体）被允许或必须被允许不受别人干涉地做他有能力做的事、成为他愿意成为的人的那个领域是什么？"③这是"免于……的自由"。而积极自由恰恰破坏了人的自主性。积极自由回答的问题是："什么东西或什么人，是决定某个人做这个、成为这样而不是做那个、成为那样的那种控制或干涉的根源？"④这是"去做……的自由"。罗尔斯讲的自主，事实上是道德自主性。他的正义理论建立在原初状态的基础上，而原初

---

① ［法］邦雅曼·贡斯当：《古代人的自由与现代人的自由》，阎克文、刘满贵译，上海世纪出版集团 2005 年版，第 16 页。

② ［英］约翰·密尔：《论自由》，许宝骙译，商务印书馆 2005 年版，第 11 页。

③ ［英］以赛亚·伯林：《自由论》，胡传胜译，译林出版社 2003 年版，第 189 页

④ ［英］以赛亚·伯林：《自由论》，胡传胜译，译林出版社 2003 年版，第 189 页。

状态的个体并非没有任何限定性的个体。他们是有道德能力和正义感的人，他们是有理性的人。这种理性体现在，公民们都有形成、修正和合理追求自己善观念的能力。而形成、修正和合理追求自己善观念的能力恰恰是道德自主性的体现。

自由主义的不同发展阶段，以及同一发展阶段的不同自由主义者，对自主性的理解有很大差异。但有一点是不容置疑的，即自由主义者都把个人自主看作是自由主义的最为基本、最为核心的理念之一。平等、宽容、国家中立性等自由主义理念都是建立在对个人自主性充分强调的基础上的。

二、普遍主义的思维方式和价值论①

自由主义的思维方式是普遍主义的思维方式，惯于从抽象的前提推出抽象的结论。罗尔斯建立在"无知之幕"基础上的正义论的思维方式是典型的普遍主义的思维方式。普遍主义体现在价值论上，则把自己所认可的价值称为放之四海而皆准的真理。他们的价值在任何时间、任何空间对任何人都是有效的。

普遍主义的价值观认为，在各种价值中，存在着压倒性的价值。凯克斯对压倒性的价值做出了经典的解释，"压倒性的价值不必是单个的，因为它可以包括少数具体的价值或原则。它可以是某种至善观念，或者是排列观念的价值的某种原则或程序"②。而压倒性的价值应该满足以下条件："其一，它是最高的价值，就是说，在与任何其他价值的冲

---

① 这一部分的思路来源于马德普老师的讲座"如何看待自由主义"。

② [美] 约翰·凯克斯：《反对自由主义》，应奇译，江苏人民出版社 2005 年版，第 226 页。

突中，它应当优先于与它的相冲突的价值；其二，它是普遍的，就是说，它对任何其他与它相冲突的价值的优先性适用于所有人；其三，它是永恒的，就是说，它对任何其他与它相冲突的价值的优先性适用于任何时间；其四，它是不变的，就是说，它对任何与它相冲突的其他价值的优先性适用于所有的情境；其五，要么是绝对的，就是说，在任何环境中它都不应被触犯，要么是自明的，就是说，它应常规地得到坚持，当且仅当对它的触犯是总体的价值所要求的，在特定的环境中对它的破坏才是可以辩护的。"①

格雷揭露了新自由主义者们所主张的压倒性的价值："自由法规主义的平等派和自由派所拥有的共同之处较他们的分歧更为根本。每一派都假定可以提出各项正义与权利原则，它们既是高度确定的，又典型地具有普遍性的。"②"像诺齐克这样的自由派自由主义者相信，正义要求有一个普遍的经济体系。"③"在罗尔斯的理论中，正义无关乎对经济体系的选择。尽管如此，所选择的任何一种体系都必须满足罗尔斯的分配原则。"④

也许有人会提出质疑，当代很多自由主义者都持价值多元论的主张，价值多元主义和普遍主义是两种相互对立的价值观。但事实上，自

---

① ［美］约翰·凯克斯：《反对自由主义》，应奇译，江苏人民出版社 2005 年版，第 225—226 页。

② ［英］约翰·格雷：《自由主义的两张面孔》，顾爱彬、李瑞华译，江苏人民出版社 2005 年版，第 22 页。

③ ［英］约翰·格雷：《自由主义的两张面孔》，顾爱彬、李瑞华译，江苏人民出版社 2005 年版，第 22 页。

④ ［英］约翰·格雷：《自由主义的两张面孔》，顾爱彬、李瑞华译，江苏人民出版社 2005 年版，第 24 页。

由主义的多元主义者在某种程度上同时也是普遍主义者。他们所谓的多元，只是自由主义基本价值内部的多元，而在自由主义基本价值和其他价值发生冲突时，自由主义者主张自由主义价值优先于其他价值。如果把自由主义基本价值作为整体，则自由主义者认为自由主义价值是压倒性的价值，具有普遍意义。

第二节　自由主义普适性公民权利理论的基本内涵

建立在个人本位以及普遍主义的思维方式和价值论基础上的自由主义普适性公民权利理论，基本内涵为：

一、核心主张——权利至上

自由主义公民权利理论是在契约主义的权利理论基础上发展起来的，是自然权利理论与以英、法为代表的资产阶级革命相结合的产物，是自然权利理论在民族—国家构建过程中的自然发展。自然权利建立在自由主义者所设想的虚拟的前社会状态，即"自然状态"的基础上，是人们所拥有的天赋的权利，是任何人不得侵犯和剥夺的。而公民权利则是公民在民族—国家——这一真实的共同体内所拥有的权利。自然权利的主体是所有的个体，自然权利的获得是天赋的、无条件的。公民权利的主体则是存在于民族—国家——这一真实的共同体中的个体，拥有公民权利的前提是公民身份的获得。

建立在个人主义基础上的自然权利理论，强调个人权利的神圣不可侵犯性。关于这一点，自由主义者着墨甚多。霍布斯认为自我保存是人的基本权利。洛克认为，在自然状态中，自然法教导着有意遵从理性的全人类，人们既然都是平等和独立的，任何人就不得侵犯他人的生命、健康、自由和财产。而在生命、自由、健康、财产权中，他尤其强调了建立在个人劳动基础上的私有财产的神圣不可侵犯性。18世纪美国自由主义者认为自然权利的核心内容是追求幸福。杰斐逊认为，生命、自由和追求幸福的权利是天赋人权，而财产权不属于自然权利。潘恩是第一个把公民权利和天赋的自然权利相区分的思想家。他论述了公民权利和天赋权利的关系，认为天赋权利是公民权利的基础，公民权利是天赋权利的组成部分。潘恩的思想直接影响了法国的《人和公民权利宣言》。在这个宣言中，"人的"和"公民的"权利被区分开，自然权利与公民权利被区分开。孟德斯鸠则强调了政治自由或政治权利的优先性。孟德斯鸠三权分立的主张，事实上是为了保障公民政治权利的实现。

公民身份（citizenship）的理念虽然可以追溯到古希腊，而在自由主义的漫长发展过程中，公民身份逐渐被等同为公民权利。但公民身份（citizenship）这一概念是马歇尔在1949年提出的，并成为这一概念的经典阐释，可以毫不夸张地说，现今关于公民身份的各种争论，都是由他的阐释所引发的。马歇尔从历史的角度把公民身份分为三个要素。"这三个要素分别为公民的要素、政治的要素和社会的要素。公民的要素由个人自由所必需的权利组成：包括人身自由、言论、思想和信仰自由，拥有财产和订立有效契约的权利以及司法权利。与公民权利最直接相关的机构是法院。政治的要素，是公民作为政治实体的成员或这个实体的选举者，参与行使政治权力的权利。与其相应的机构是国会和地方议会。社会的权利，是指从某种程度的经济福利与安全到充分享有社会遗产并依据社会通行标准享受文明生活的权利等一系列权利。与这一要素紧密相连的机构是教育体制或社会服务体系。"① 马歇尔把三种不同种类的权利与一定的历史顺序相对应，认为公民权利归于 18 世纪，政治权利归于 19 世纪，社会权利归于 20 世纪。

马歇尔对 citizenship 的解释，成为当代自由主义争论的焦点，而从这一解释不难看出，自由主义者理解的 citizenship 就是指公民所拥有的各种权利。笔者赞成马歇尔对公民权利的分类，即把公民权利分为狭义的公民权利、政治权利和社会权利，但马歇尔把三种权利与不同的历史时期相对应，是从英国的历史发展中得出的结论，并不符合其他国家的实际情况。在当代世界，不同国家的公民所拥有的权利种类和权利实现程度是不同的，但大多数国家的公民都同时拥有狭义的公民权利、政治权利和社会权利。不同种类的权利是同时并存的，而不是历时性的。

二、处理国家与公民关系的原则——反对国家干预或国家中立

建立在个人主义基础上，主张权利至上的自由主义公民权利理论在对待国家和公民关系的态度上，持这样的观点：政府是建立在公民同意基础上的，政府是必不可少的恶，政府的目的在于保障公民的权利、促进公民利益的实现。如卢克斯所言："其一，政府是建立在公民同意基础之上的，政府的权威或合法性就来自公民的这种同意。其二，政治代表是个人利益的代表，而不是社会秩序、社会集团、社会职责或社会阶级的代表。其三，政府的目的在于使个人的需要得到满足，使个人的

---

① 郭忠华、刘训练编：《公民身份与社会阶级》，江苏人民出版社 2007 年版，第 7—8 页。

利益得以实现，使个人的权利得到保障。"①

（一）古典自由主义的国家观——反对国家干预

古典自由主义之所以反对国家干预，是因为他们认为，国家的行为建立在人民同意的基础上。人民同意原则是自由主义的一项基本原则。17、18 世纪的自然权利学派认为政府的产生源于人民的同意，19 世纪的功利主义学派质疑了建立在自然权利和社会契约论基础上的政府起源说，但认为政府的行为源于人民的持续同意。霍布斯、洛克、卢梭都认为国家产生于社会契约。而社会契约是建立在人民同意基础上的。密尔认为代议团体的实际职能体现为：由人民选举代表组成的代议团体要实现对政府的有效控制。代议团体要表明各种需要，成为反映国民要求和对各种公共事务表达意见、进行争论的场所，"既是国民的诉苦委员会，又是他们表达意见的大会"②。

正是基于人民同意的原则，古典自由主义者都持工具论的国家观。自然法学派认为国家是保护个人权利的手段，功利学派则认为国家是维护个人利益的手段。

霍布斯认为主权者的作用在于保护人们的私有财产以及生命，他的政治思想赋予国家的目的与职能表明国家只有工具性意义，只有消极国家的意义。洛克认为，政府的目的在于保护公民的生命、自由、财产这些基本权利，他把保护公民的财产权放到首要地位。潘恩认为国家是一个免不了的"祸害"，从绝对的意义上，它侵占了公民的生活空间。

---

① ［英］史蒂文·卢克斯：《个人主义》，阎克文译，江苏人民出版社 2001 年版，第 74 页。
② ［英］J.S. 密尔：《代议制政府》，汪瑄译，商务印书馆 1982 年版，第 80 页。

关于"国家应当是有限的国家"这种消极国家观对后来的自由主义产生了重要影响，成为自由主义国家观的重要组成部分。洪堡认为，国家干预只能为了公民的自我发展；政府的存在是必要的，但强大的政府权力是对公民权利的极大威胁；国家的目的只能是保障安全，除此之外皆应禁止；反对国家干预社会公共事务；个人自由应免于国家干预。边沁认为政府是必要的祸害。政府的主要任务就是促进最大多数人的最大幸福，就是最大限度地满足个人利益。密尔继承了边沁的思想，认为国家的目的是为了被统治者的福利，保证人民过好物质生活，保护公民的安全和财产。

（二）新自由主义的国家观——国家中立

在多元社会中，与古典自由主义者不同，新自由主义者们并不反对国家干预，而是持国家中立性的主张。所谓国家中立性，是指国家的作用主要体现在公共领域，国家的触角不能伸到私人领域。如格罗斯所言，"国家和政府只能在公共行为领域里合法地行动，而在已经划分为私人性质的领域里就不具有权威"①。国家中立性的另一层含义是指：国家在各种互竞的善观念中，不能作出何者为优何者为劣的判断。关于这一点，以罗尔斯的论述为代表，"各个个人是从不同的方面确定他们的善的，许多事物可能对一个人来说是善而对另一个来说则不是善。而且，在什么是各个个人的善的问题上，不存在达成一项公认的判断的紧迫性。在正义问题上使达成一致判断成立的理由并不存在于价值判断

---

① ［美］菲利克斯·格罗斯：《公民与国家——民族、部族和族属身份》，王建娥、魏强译，新
　　华出版社 2003 年版，第 34 页。

中"①。"在一个组织良好的社会中，各个个人的生活计划，就其总是强调不同的目标而言，是不尽相同的，人们自由地决定他们的善，其他人的意见仅仅被看作是建议。善观念中的这种多样性本身也是一种善的东西，即是说，一个组织良好的社会的成员们要求具有各自不同的计划是合理的。"②

以哈耶克、诺齐克为代表的保守自由主义者，则是彻底反对国家干预的，认为国家在任何方面，包括善观念、经济方面都无权干涉公民的自由选择。哈耶克对计划经济进行了彻底的批判，提倡自发秩序，认为自发秩序运转的条件是自由、一般规则和竞争。他认为计划经济会破坏自发秩序。诺齐克提倡"最弱意义上的国家"，他认为公民不应受到其他公民的侵犯，国家也不能以社会整体利益的名义侵犯个体利益。因为："他的生命是他拥有的唯一生命。他并没有从他的牺牲中得到某种超值利益，而且任何人没有权力将这种牺牲强加在他身上——其中最没有权力这样做的就是国家或政府，而国家或政府则（当其他人并非如此时）要求他保持效忠，因此，国家或政府必须在其公民之间是严格中立的。"③

三、处理公民与公民之间关系的原则——形式平等、普遍平等

自由主义者对平等有着不同的认识，但无论这些认识有多大的差

① ［美］约翰·罗尔斯：《正义论》，何怀宏等译，中国社会科学文献出版社1988年版，第450页。
② ［美］约翰·罗尔斯：《正义论》，何怀宏等译，中国社会科学文献出版社1988年版，第451页。
③ ［美］罗伯特·诺齐克：《无政府、国家与乌托邦》，姚大志译，中国社会科学出版社2008年版，第40页。

异，都是以个人本位为出发点，并建立在普遍主义的思维方式基础上，其平等只能是普遍的平等、形式上的平等，而不是差异性的平等、实质性的平等。

在自由主义思想史上，伏尔泰认为平等包括人身、权利、法律和经济平等，平等的最大威胁是特权阶级。他认为不平等源自社会分工及人的能力差异。在托克维尔的政治哲学中，对自由与平等的辩证关系的关注是一项重要的内容。他认为，在民主国家，理想的境地是自由与平等的相辅相成、和谐统一。多数暴政是自由的极大威胁。在法国，平等先于自由而存在，人们对平等的激情远大于自由，代议制政府可以制止多数暴政，限制政府权力可以保障自由。

罗尔斯在《正义论》中提出了两个正义原则：第一个正义原则：每个人对与所有人所拥有的最广泛平等的基本自由体系相容的类似自由体系都应有一种平等的权利。第二个正义原则：社会的和经济的不平等应这样安排，使它们：（1）在与正义的储存原则一致的情况下，适合于最少受惠者的最大利益（又称之为"差别原则"）；（2）依系于在机会公平平等的条件下职务和地位向所有人开放（又称为"机会的公正平等原则"）。

自由主义的平等实质上是形式平等或机会平等。罗尔斯的两个平等原则中，第一个原则解决的问题是社会基本权利和义务的分配，第二个原则解决的问题是收入和财富的分配。平等的自由原则处于优先性，他罗列了基本自由的清单，其中包括政治上的自由（选举和被选举担任公职的权利）及言论和集会自由；良心的自由和思想的自由；个人的自由和保障个人财产的权利；依法不受任意逮捕和剥夺财产的自由。所谓的平等，就是公民在上述清单中的自由和权利上的平等。第二个原则在其实质上是为公民享有平等的权利和自由提供物质基础。正是为了使社会中的弱势群体与其他公民一样拥有平等的自由和权利以及平等的机会，罗尔斯才提出"差别原则"。

对平等思想做出卓越贡献的德沃金则试图实现平等与责任的平衡。他承认一定程度的不平等，提出"敏于志向，钝于禀赋"。用通俗的语言讲，德沃金认为不平等的状况产生于两种原因，其一是由于天然的禀赋造成的，其二是由于个人的选择造成的。由于个人的志向和选择造成的不平等是合理的不平等，社会不应当对其承担责任。但由于天然禀赋，而不是自己选择所处于的不利境地，或者不平等状况，社会则有责任消除这种不平等。德沃金所倡导的平等理论是"资源平等"理论，同样也是机会平等、形式平等。

自由主义所倡导的平等是一种普遍的平等，其实质就是公民在道德上是平等的主体，应受到平等的关心和尊重。正如德沃金所认为的，"自由主义平等概念支配下的每位公民都有一种受到平等关心和尊重的权利。这一抽象的权利可以包括两种不同的权利。第一种权利是受到同等对待的权利，亦即像他所享有和被给予的一样，同样分享利益和机会。第二种权利是作为平等的人受到对待的权利。这不是一种平等分配利益和机会的权利，而是有关这些利益和机会应当分配的政治决定中受到平等关心和尊重的权利"①。

---

① ［美］罗纳德·德沃金：《认真对待权利》，信春膺、吴玉章译，上海三联书店 2008 年版，第 362 页。

第三节　金里卡论自由主义普适性
公民权利理论的局限性

自由主义公民权利理论彰显了个人权利的重要性，使人们摆脱各种各样的羁绊，自主地追求、质疑、修正善观念，选择自己的生活。但自由主义普适性公民权利理论本身具有不可克服的局限性。金里卡正是在肯定自由主义普适性公民权利积极作用的基础上，揭示了其在解决族群问题上所存在的不足，进而把自由的多元文化主义少数族群权利理论作为其补充。

一、对文化成员身份的忽视，导致对少数族群权利的漠视甚至敌视

金里卡指出，早期的自由主义思想家，如穆勒、格林、霍布豪斯等人，虽然并没有提出"文化成员身份"这一概念，但在其思想中，都不同程度地强调了文化成员身份对于个人自主的重要性。晚近的罗尔斯、德沃金虽然也重视文化成员身份对于个人选择的重要意义，但因为其忽略了多种族、多民族国家的现实，其理论建立在文化上同质的国家的基础上，因此，其设想的文化成员身份与公民身份事实上是重合的。① 由此可见，自由主义者对文化成员身份不够重视。

第一次世界大战前后，少数族群权利是重要的哲学问题，也是重

---

① 详细论证参见［加］威尔·金里卡：《自由主义、社群与文化》，应奇、葛水林译，上海译文出版社 2005 年版，193—205 页。

要的政治问题，而少数族群权利是建立在文化成员身份基础上的。正是因为对文化成员身份的忽视，使得很多国家有关少数族群权利的政策是在相关理论缺席的状态下制定的。金里卡在《自由主义、社群与文化》一书中指出，"在政治哲学家们忽略这个问题（少数族群权利）的情况下，自由主义的政治家和法学家已经不得不直接面对这个问题，自由主义者近乎普遍的反应是对少数族群权利的强烈敌视。"① 在《多元文化公民权》一书中，金里卡指出，"在自由主义发源地英国、法国、美国，少数族群权利一直是被忽视的，或者仅仅被视为古怪或反常的东西，对土著的要求，尤其如此"②。

金里卡认为，自由主义者对文化成员身份的忽视，以及由此导致的对少数族群权利的忽视甚至敌视，究其根源还是在于自由主义普遍主义的思维方式。他指出，"自由主义者经常从种族中心主义的角度来思考少数族群权利问题，或者把特殊事例过度普遍化，或者把暂时性的政治策略视为永久的道德原则。这反映在自由主义国家历史上针对民族性群体和种族性群体所制定的政策中，其中包括从强制性同化到强制性种族隔离，从殖民征服到联邦和自治。"③

二、"族裔文化中立"与"善意忽略"的虚假性

自由主义"国家中立"的观念在族群关系上体现为，国家在处理

---

① Will Kymlicka, *Liberalism, Community, and Culture*, Oxford: Oxford University Press, 1989, p.4.

② Will Kymlicka, *Multicultural Citizenship: A Liberal Theory of Minority Rights*, Oxford: Oxford University Press, 1995, p.194.

③ Will Kymlicka, *Multicultural Citizenship: A Liberal Theory of Minority Rights*, Oxford: Oxford University Press, 1995, p.194.

国家—少数族群的关系时，应该持"族裔文化中立"原则，族裔文化中立的实质是对文化差异性的"善意忽略"。根据该种观点，族裔文化和宗教是私人领域的事情，而根据国家中立原则，国家和政府只能在公共领域里合法行动，对私人领域的事务则不具有权威性，不应当干涉。

但问题是，宗教事务并非纯粹属于私人领域，就像菲利克斯·格罗斯所说，"伊斯兰教不承认宗教与世俗行为的分离，在尘世秩序与精神—宗教秩序之间以及国家与宗教之间也没有区分。所有这些都不过是宗教法律统治者的统一体的一部分。宗教与政治哲学和政治制度混为一体"①。既然宗教不是纯粹私人领域里的事情，与之类比的族裔文化自然也不是纯粹私人领域的事情，而根据自由主义者的观点，对非私人领域的事情，显然是不适用国家中立原则的。自由主义者族裔文化中立的主张无疑是以己之矛攻己之盾。

金里卡则承认宗教属于私人领域的事务，但仍旧指出族裔文化中立的观点是错误的。"所谓自由民主国家是族裔文化中立的，这种观点很明显是错误的。把宗教模式用来描述自由民主国家和族裔文化群体之间的关系完全是误导。"②

金里卡通过所谓国家中立的典型——美国的实际例子来揭示族裔文化中立不仅是错误的，而且具有虚假性。"历史上州政府边界的划定和他们加入联邦的时间都经过了精心安排，以确保以英语为母语的

---

① [美] 菲利克斯·格罗斯：《公民与国家——民族、部族和族属身份》，王建娥、魏强译，新华出版社 2003 年版，第 34 页。

② [加] 威尔·金里卡：《少数的权利：民族主义、多元文化主义和公民》，邓红风译，上海译文出版社 2005 年版，第 11 页。

人可以在美国联邦的 50 个州中都占多数。这帮助确立了英语在美国全部领土上的主导地位。此后的几项政策又继续巩固了英语的这一主导地位。例如，法律规定儿童在学校里要学习英语，移民（50 岁以下）要想取得美国公民资格，也需要学习英语，要在政府内工作或受雇于政府，有一条不成文约定，申请人必须讲英语。"① 这说明，这种社会性文化实际上是美国刻意培育出来的，或者说美国文化与美国人信念实质上是民族—国家建构的产物，而不是族裔文化中立的自然结果。

"善意的忽略"（benign neglect）的支持者们认为，普适性的公民权利已经考虑到了包容差异，真正的平等要求个体与个体之间的平等，而不应当考虑其文化成员身份。金里卡明确地指出，"'善意的忽略'事实上并不是善意的，它忽略了一个事实，即一个民族性少数群体的成员面临着多数族群的成员不会面临的一种不利。"② "没有任何办法实现彻底的'国家与种族分离'，无论怎样，'善意的忽略'这一理想都是一个神话。国家关于语言、国内边界、公共假日和国家象征物的决定，不可避免地包含着从承认、包容和支持特定的种族性和民族性群体的需要和认同。"③

金里卡特别通过对语言权利的分析，来批判"善意的忽略"的观念。金里卡关于"语言权利"的分析，建立在卡洛斯"容忍导向"

---

① ［加］威尔·金里卡：《少数的权利：民族主义、多元文化主义和公民》，邓红风译，上海译文出版社 2005 年版，第 12 页。

② ［加］威尔·金里卡：《多元文化公民权：一种有关少数族群权利的自由主义理论》，杨立峰译，上海译文出版社 2009 年版，第 142 页。

③ ［加］威尔·金里卡：《多元文化公民权：一种有关少数族群权利的自由主义理论》，杨立峰译，上海译文出版社 2009 年版，第 145 页。

（tolerance-oriented）和"提升导向"（promotion-oriented）的语言权利的划分基础上。"容忍权利是个人享有反对政府干涉他们个人语言选择的保护性权利。允许个人在家里、社团、公民社会组织、工作场所等说他们喜欢说的语言，这都是容忍权利的例子。提升导向权利是个人有在公共组织——法庭、议会、公立学校、公共服务履行等——使用特定语言的权利。"①"善意的忽略"具体到语言政策上，"这种理念认为国家应该拒绝做任何事去鼓励或者不鼓励公民作特定的语言选择。对于持这一观点的人来说，国家给予承认、认可或者支持任何特定的语言或者语言群体，在程度上不得大于承认或支持一个特定宗教"。②

金里卡指出，这种解决方式事实上是不合逻辑的，"尽管国家能够比侵扰人们从公共组织中选择语言的权利——它能尊重一系列容忍导向的权利——但是没有办法避免在一系列其他语言政策问题上采取立场。因此，无法不在这些政策领域中进行语言选择，也无法避免一定程度的'语言确立'"③。"像许多自由主义者认为，就像国家不应该承认、认可或支持特定的教会那样，它也不应该承认、认可或支持任何特定的文化群体或身份。但是，当一个国家决定在公共教育中或在提供国家服务中运用哪一种语言时，它至少是较多地承认了一种文化。国家能够（而且应该）在法庭上用世俗誓言代替宗教誓言，但是它不能在法庭上用静默

---

① ［加］威尔·金里卡、艾伦·帕廷：《语言权利与政治理论》，柴宝勇译，见马德普、威尔·金里卡主编：《中西政治文化论丛》（第6辑），天津出版社2002年版，第589页。

② ［加］威尔·金里卡、艾伦·帕廷：《语言权利与政治理论》，柴宝勇译，见马德普、威尔·金里卡主编：《中西政治文化论丛》（第6辑），天津出版社2002年版，第589页。

③ ［加］威尔·金里卡、艾伦·帕廷：《语言权利与政治理论》，柴宝勇译，见马德普、威尔·金里卡主编：《中西政治文化论丛》（第6辑），天津出版社2002年版，第592页。

不语代替英语的使用。"①

金里卡进一步指出这种解决方式是不符合历史事实的。"历史地讲，所有的自由主义民主都涉及了民族建构的过程。他们采取了一系列政策促成一种通用语言，提高民族同一性和身份的认同。"②"一种成功的民族建构能够帮助确认语言不再服务于把公民分解为独具特性的相互敌对的群体，而是成为共同身份中的一员。一种成功的民族建构设想，能够带来一种民主政治对话的共同民族语言，那么它也能够消除通向民主、昌盛的这种障碍。"③也就是说，历史真相是：民族国家建构不可避免地包含了对共同语言的提倡。这并非对少数族群语言权利的"善意的忽略"，而是有意为之。

三、普遍平等的权利观漠视少数族群的差异性需求④

金里卡与传统自由主义者对平等的理解是不同的，如前所述，传统自由主义者认为平等应当是一视同仁的平等，而金里卡认为真正的平等应当是"包容差异"的平等。与之相对应，作为公民的个体所要求的权利是普适性的公民权利，而作为族群成员，则要求差异性的少数族群权利。

---

① ［加］威尔·金里卡：《多元文化公民权：一种有关少数族群权利的自由主义理论》，杨立峰译，上海译文出版社2009年版，第143页。

② ［加］威尔·金里卡、艾伦·帕廷：《语言权利与政治理论》，柴宝勇译，见马德普、威尔·金里卡主编：《中西政治文化论丛》（第6辑），天津出版社2002年版，第595页。

③ ［加］威尔·金里卡、艾伦·帕廷：《语言权利与政治理论》，柴宝勇译，见马德普、威尔·金里卡主编：《中西政治文化论丛》（第6辑），天津出版社2002年版，第596页。

④ ［美］菲利克斯·格罗斯：《公民与国家——民族、部族和族属身份》，王建娥、魏强译，新华出版社2003年版，第32页。

普适性的公民权利在多元文化的社会中有其独特的作用，正如菲利克斯·格罗斯所言，"公民权创造了一种新的认同，一种与族属意识、族籍身份分离的政治认同，它是多元文化的一把政治保护伞。它同时也是一种新的政治联系，一种比种族和地域联系更为广泛的联系。因而，它提供了一种将种族上的亲族认同（文化民族）与和国家相联系的政治认同（国家民族）相分离的方法，一种把政治认同从亲族关系转向地域关系的途径"。

金里卡并不否认普适性公民权利的作用，但认为在多元文化社会中，公民权利不能保证实现真正的平等，传统的公民权利观不能包容除白人男性以外的其他群体的差异性需求，"基于公民身份的普遍权利是由持传统性别观的、身体健康的白人男性所界定的，它忽略了其他群体的需求，因此，其他群体有要求某种形式的如扬所称之为的'差异性公民权利'"[1]。而对其他群体及其成员差异性权利需求的忽视，容易使受压迫或弱势群体趋于固化。正如扬指出的，"在一个某些群体拥有特权而其他群体被压迫的社会里，坚持作为公民应采取一致的观点只会加强特权，因为特权者的利益和观点易于支配公共领域，使得其他群体边缘化或者无法表达自己的意见"[2]。

金里卡自由的多元文化主义少数族群权利理论正是为了克服建立在普遍平等观念基础上的普适性公民权利所容易导致的使压迫固化的趋势而提出的。金里卡指出，少数族群本身是纷繁多样的，不同少数族群

---

[1]　Will Kymlicka, *Contemporary Political Philosophy：An Introduction*. Second Edition, Oxford：Oxford University Press, 2002, p.329.

[2]　艾利斯·马瑞恩·扬：《政治与群体差异——对普适性公民观的批评》，成庆译、刘擎校，见许纪霖主编：《公民、社群与公民》，江苏人民出版社 2004 年版，第 284—285 页。

及其成员的权利诉求具有很大差别。但他们的需求具有两个共性："其一，这些要求超越我们所熟悉的个体公民所拥有的普遍的、共同的政治权利和公民权利，而这些政治权利和公民权利是为所有的自由民主国家所承认的；其二，这些要求指向同一个目标——承认和包容少数族群的独特身份和需求。"①

---

① Will Kymlicka, *Contemporary Political Philosophy*：*An Introduction.* Second Edition, Oxford：Oxford University Press, 2002, p.335.

第二章

金里卡自由的多元文化主义
少数族群权利^① 理论的逻辑

少数族群权利是理解自由的多元文化主义政治思潮的关键，本章在对自由的多元文化主义简要介绍的基础上，介绍少数族群权利的依据、少数族群权利的各组成要素、少数族群权利的限度以及少数族群权利与社会团结的关系。

多元文化主义体现在多个层面，第一个层面体现为社会现象，指当前社会呈现出多元文化的态势；也可以体现为政策层面，指国家在处理国家与少数族群关系时，采取多元文化主义政策；也可以体现为理论或思潮层面，是指理论界在处理国家与少数族群的关系时，所持的理论主张。而在理论层面，按其与其他思潮的关联度来划分，多元文化主义

---

① "minority rights"在国内有"少数群体"、"少数人"、"少数民族"、"少数族群"等多种译法，考虑到"少数人"这一译法容易产生包括弱势群体在内的歧义，而金里卡的论述里并不包含这一群体。"少数民族"的范围太窄，无法涵盖金里卡论述中的重要部分——移民。金里卡著作中的"minority rights"，不仅指群体权利，也指个体权利，而且更强调个体权利，所以"少数群体"的译法也是不合适的。相比较而言，"少数族群"的译法更符合金里卡的本意。所以，本书采用"少数族群"的表述。

又可以细分。按照常士闿的观点，多元文化主义可以分为社群主义形式的多元文化主义、自由主义形式的多元文化主义、保守主义形式的多元文化主义。按意义的强弱来划分，又可分为激进的、保守的、中间的多元文化主义。①

金里卡主张的多元文化主义是弱形式的多元文化论，也就是由自由主义价值理念为多元文化论之诉求寻求根基。金里卡的多元文化主义理论可以称之为自由主义的多元文化主义，简称自由的多元文化主义。自由的多元文化主义力图调和西方自由主义普适性公民权利和少数族群权利之间的矛盾。按照传统自由主义的观点，个人是原子化的，其文化背景经常遭到忽视，公民权利与少数族群权利是矛盾的。而在自由的多元文化主义者看来，建立于社会性文化之上的文化成员身份是个人的一部分，对文化成员身份以及少数族群权利的保护是对普适性公民权利的补充。

金里卡意识到了在存在文化多样性的社会里，自由主义普适性公民权利理论的局限性，进而提出文化成员身份的概念，用建立于文化成员身份基础之上的少数族群权利来弥补普适性权利的不足，并试图调和普适性的公民权利与差异性的少数族群权利之间的关系。

第一节　自由的多元文化主义

金里卡的少数族群权利理论是在其自由的多元文化主义理论框架

---

① 对多元文化主义的分类参照常士闿主编：《异中求和：当代西方多元文化主义政治思想研究》，人民出版社 2009 年版。

内陈述的，要想了解少数族群权利的逻辑，我们有必要对自由的多元文化主义的源头、特征以及关键概念有一基本认识。

一、自由的多元文化主义产生的背景

（一）多元文化主义是对单一、同质化的民族—国家理念的拒绝

所有形式的多元文化主义都有一个共同点，就是对早期单一、同质化的民族—国家模式的拒绝。金里卡指出，除了瑞士①以外，其他西方国家都或早或晚地经历了民族—国家建构的过程。世界上的大多数国家原本是多民族国家，民族—国家不是自然产物，而是被建构出来的。在民族—国家建构过程中，占统治地位的民族制定一系列公共政策，来推行和巩固共同的民族语言、共同的民族历史、共同的民族神话、共同的民族文学艺术、共同的民族教育体系、共同的大众媒体、共同的宗教、共同的军事体系等。这些公共政策的目的就在于实现一个民族、一个国家的理想。而这些政策漠视少数族群及其成员的权利和利益，多元文化主义正是对"一个国家，一个民族"理念的拒绝。

（二）多元文化主义是国内民权运动以及移民运动推动的自然产物

多元文化主义的出现，是与第二次世界大战后人权的进一步发展分不开的。"多元文化主义是人权逻辑的进一步发展。"②第二次世界大战以前，世界上的民族主义大行其道，而且是被社会所广泛接受的，民族主义获得了政治上和经济上的支持、法律上的容忍。战后促进人权运

---

① 瑞士从来没有过推行单一官方语言的尝试，一直是法语、意大利语、德语并存。

② Will Kymlicka, *Multicultural Odysseys: Navigating the New International Politics of Diversity*, Oxford: Oxford University Press, 2007, p.89.

动的一般趋势是：只要被赋予普遍的、平等的个体性公民权利和政治权利，民族性、种族性群体不需要，也没有资格获得特殊权利。20 世纪 60 年代，各国民权运动广泛兴起，包括美国的黑人民权运动、澳大利亚土著的斗争等，少数族群要求主流社会承认其独特性，要求拥有与主导民族真正平等的地位。另外，第二次世界大战后，出于国际社会的压力以及自身发展需要的考虑，美国、加拿大、澳大利亚等国家开始了大规模的移民运动，文化多样性凸显。在国内民权运动和移民运动的压力下，多元文化主义政策逐渐取代同化政策，成为西方自由民主国家处理国家—少数族群关系的基本政策。加拿大在 1971 年率先推出多元文化政策，瑞典于 1975 年实行多元文化政策，澳大利亚于 1978 年正式实行多元文化政策①，美国联邦政府一级一直没有推行多元文化政策，但州政府一级在 20 世纪 70 年代也开始实行多元文化政策。之后，西欧各国相继实行多元文化政策。

（三）自由的多元文化主义思潮是在政策推动和理论争论的过程中产生和发展的

任何政治思潮，都是政治现实的反映。"multiculturalism" 一词虽然最早出现在霍拉斯·卡伦于 1915 年发表的《民主与熔炉》一书中，但由于 20 世纪二三十年代同化主义盛行，所以对多元文化主义的研究并没有引起人们足够的重视。多元文化主义作为政治思潮，是在西方各国多元文化主义政策的推动下，到 20 世纪七八十年代以后才真正繁荣

---

① 关于澳大利亚正式推行多元文化主义政策的时间是有争议的，杨洪贵认为是 1978 年，常士 間认为是 1973 年，具体论述参见《澳大利亚多元文化主义研究》和《异中求和：当代西方 多元文化主义政治思想研究》。

起来的。作为西方政治思潮主流阵地的美国，多元文化主义则是在 20世纪 90 年代以后才引起学界的足够重视的。①

以查尔斯·泰勒、迈克尔·沃尔泽等为代表的社群主义的多元文化主义出现于 20 世纪七八十年代，是当代西方多元文化主义的最初形式。而以金里卡、塔米尔、盖尔斯顿等人为代表的自由主义的多元文化主义则是 20 世纪八九十年代在与社群主义的多元文化主义的争论中，逐步产生和发展起来的。而当今，自由的多元文化主义无论在理论上，还是政策上都逐渐占据了上风。

二、自由的多元文化主义的特征

在金里卡所有的著作中，都找不到对多元文化主义的定义，但他指出了多元文化主义的基本特征，"一般来说，多元文化主义有以下三个特征：批判把国家看成是属于主流民族的观点；用承认和容纳政策来代替同化和排外的民族—国家建构政策；承认历史不公正并提供修正措施"②。在传统的自由主义者眼里，国家是属于主流民族的，比如德国属于普鲁士民族、美国属于盎格鲁—撒克逊民族、法国属于法兰西民族等。传统的自由主义者在处理族群关系时，采取同化和排外的民族—国家建构政策，少数族群无法保持其独特的文化传统，或者被同化到主流民族的文化中，或者被排除在主流民族之外，而被边缘化。传统的自由主义

---

① 社会学家内森·克莱泽（Nathan Glazer）曾做过一个统计，发现美国主要报刊是在 20 世纪 80 年代末才开始使用 multiculturalism 一词的，该词在 1989 年仅出现过 33 次，两年后增加至 600 次，到 1994 年，达到了 1500 次。见 Nathan Galzer, *We Are All Multiculturalists Now* (Cambridge, Mass: Harvard University Press, 1997), p.77.

② Will Kymlicka, *Multicultural Odysseys: Navigating the New International Politics of Diversity*, Oxford: Oxford University Press, 2007, p.66.

者并不承认在民族—国家建构过程中，对少数族群造成伤害，因而也不会对其不利处境采取任何的补救措施。而多元文化主义正是认识到了传统自由主义在对待少数族群问题上所存在的缺陷，认为国家不仅属于主流民族，也属于少数族群，各族群不论人口的多少、现代化程度如何，都处于平等的地位。同化政策和排外的民族—国家建构政策不适应大多数国家多民族、多种族的族群关系现状，承认和容纳政策更有利于族群关系的良性发展。多元文化主义承认在民族—国家建构过程中，少数族群的利益受到了侵犯，因此有必要采取措施来纠正这种历史不公正。

自由的多元文化主义作为多元文化主义的一种类型，自然具备多元文化主义的基本特征。除此之外，根据金里卡的观点，要理解自由的多元文化主义，需要把握以下关键特征：

其一，族群差异权利是理解自由的多元文化主义的关键。"不同类型的族裔文化群体为不同种类的权利斗争。族群差异权利是理解自由的多元文化主义在推行过程中所遇到的挑战的关键，也是评价其成功或局限性的关键。"[1] 在金里卡眼里，自由的多元文化主义在某种程度上，即为关于少数族群权利的自由主义理论。

其二，自由的多元文化主义所讲的少数族群权利不仅仅指"认同"或"承认"，而且包括"再分配"或"利益"。金里卡指出，"如果仅仅把多元文化主义当作象征性承认的观点是错误的，那么把其仅仅视为阶级斗争的伪装形式也是错误的。少数族群通常同时遭受着政治、经济和文化上的排斥，这些排斥形式复杂多样，多元文化主义政策处理这些问

---

[1]　Will Kymlicka, *Multicultural Odysseys*: *Navigating the New International Politics of Diversity*, Oxford: Oxford University Press, 2007, p.79.

题时应该考虑到其复杂性。"① 这一点使其与社群主义的多元文化主义明确区分开来。社群主义的多元文化主义认为多元文化主义是关于"承认的政治"。

其三,自由的多元文化主义与民族——国家建构并不对立。金里卡指出,"也许有人会认为,多元文化主义和民族主义是死对头,是两种相互矛盾的思想意识。多元文化主义政策和民族主义政策是零和博弈。因此,多元文化主义只能存在于后民族国家中。但事实上,西方所涌现出来的多元文化主义改造了民族——国家建构的方式,而不是取代了它。"②

三、社会性文化与文化成员身份

"社会性文化"、"文化成员身份"是金里卡自由的多元文化主义理论的核心概念,也是金里卡少数族群权利理论的根据。

(一)社会性文化的内涵、实质及载体

"社会性文化"是金里卡多元文化主义思想的出发点,而社会性文化界定的内涵是什么?其实质和载体又是什么呢?

第一,社会性文化的内涵。

要理解金里卡的"社会性文化"概念,首先需要了解他对"文化"的界定。在《自由主义、社群与文化》一书中,他采用结构与特征二

---

① Will Kymlicka, *Multicultural Odysseys*: *Navigating the New International Politics of Diversity*, Oxford: Oxford University Press, 2007, p.81.

② Will Kymlicka, *Multicultural Odysseys*: *Navigating the New International Politics of Diversity*, Oxford: Oxford University Press, 2007, p.83.

分法来界定文化，认为文化是指文化社群或文化结构本身，文化并不因为特征的改变而发生改变。"在通常的用法上，文化表示的是一个历史社群的特征。依据这种观点，一个社群中的规范、价值和随之而来的制度的变迁（如人们在教堂里的成员身份、政党，等等）将会是一种文化的流失。然而，我所谓文化是指文化社群或文化结构本身。从这个意义上看，即使当它的成员感觉传统的生活方式再也没有价值，并对传统的文化特征进行自由地调整变更时，文化社群仍会继续存在。"①

但在《多元文化公民权》一书中，他不再坚持"特征"与"结构"（或"社群"）二分法，而是用"社会性文化"一词取而代之。他虽然并没有明确指出来，但"社会性文化"一词既包括"社群"或"结构"本身的层面，也包括"特征"的层面，其定义具有一定的含混性。"社会性文化，即为它的成员提供一种跨越人类全部活动范围的有意义的生活方式的文化。这些活动包括社会的、教育的、宗教的、娱乐的和经济的生活，而且既包括公共领域又包括私人领域。这些文化趋向于在地域上变得集中，而且以一种共享的语言为基础。"②"之所以称之为社会性的文化，是为了强调，它不仅包括共享的记忆或价值，也包括共同的制度或习俗。"③ 很显然，金里卡把"社会性文化"理解为包含着共同的语言、习俗、制度、共享价值的文化，而语言是其最核心的部分。我们很

---

① ［加］威尔·金里卡：《自由主义、社群与文化》，应奇，葛水林译，上海译文出版社2005年版，第159页。

② ［加］威尔·金里卡：《多元文化公民权：一种有关少数族群权利的自由主义理论》，杨立峰译，上海译文出版社2009年版，第96页。

③ ［加］威尔·金里卡：《多元文化公民权：一种有关少数族群权利的自由主义理论》，杨立峰译，上海译文出版社2009年版，第96页。

难界定语言、习俗、制度究竟属于结构的层面，还是属于特征的层面。

第二，社会性文化的实质。

金里卡所讲的社会性文化是与通常意义上的文化不同的，金里卡的关注点在于建立在民族或种族差别基础上的"多元文化主义"类型。它和历经数代人的社群同义，金里卡认为，这一社群具有以下特征："在制度上基本上是完整的，拥有既定的领土或家园，共享特定的语言和历史。一个国家是多元文化主义的，意味着这个国家的成员或者属于不同民族（一个多民族国家），或者是来自不同国家的移民（一个多种族国家），而且这一事实是个人认同和政治生活的重要方面。"① 由此不难看出，金里卡所讲的社会性文化，实质上是"民族性文化"或"种族性文化"的代名词。

第三，社会性文化的载体——民族或种族。

在金里卡的论述中，社会性文化的载体涉及少数民族、移民群体、持孤立主义立场的宗族和宗教群体、非公民定居者（metics）五个群体。但在其理论设计时，则主要指向少数民族和移民。

"民族""种族""族裔"这些词汇本身都是有歧义的，本文不对这些词汇进行具体的阐释，采用约定俗成的解释。要想对金里卡的理论有一深入了解，首先需要对他所界定的各种群体的含义有一准确清晰的把握。

"'少数民族'（national minorities）② 指这样的群体，在被合并进更

---

① Will Kymlicka, *Multicultural Citizenship: A Liberal Theory of Minority Rights*, Oxford: Oxford University Press, 1995, p.18.

② "national minorities" 有"少数民族"、"亚国家民族"、"民族性少数族群"等多种译法。本文采取国内比较熟悉的、约定俗成的、简洁的表述的"少数民族"。

大的国家之前，他们在自己的历史家园内已经形成了完整的和运作正常的社会。少数民族可以被进一步划分为两种范畴：'亚国家民族'和'土著人'。亚国家民族是指这样的民族：他们目前没法形成以自己为多数人的国家，但他们在过去曾经建立过这样的国家或者他们一直试图建立这样的国家。"①"土著人（indigenous）是指这样的人：他们传统上拥有的土地被外来定居者剥夺了，并且被他们强制性地或通过协议与他们眼中的外来者所建立的国家合并在一起。"② 事实上，金里卡笔下的"少数民族"是文化民族，而多数民族则是"政治民族"。国内外的人类学家和政治学家对"政治民族"和"文化民族"进行了区分。菲利克斯·格罗斯就提出了政治民族与文化民族的区分，并特别强调"作为由共同文化、共同传统维系的共同体的民族，与以国家形式结合而成的政治社会之间的差别是根本性的"③。周平认为，"民族的基本类型就分为两类，即建立了民族国家并取得国家形态的民族和未取得国家形态而作为历史文化共同体存在的民族"④。

　　"移民群体（migrant groups）指：个人和家庭决定离开自己的祖国——也常常包括亲朋好友——然后抵达另一社会后组成的群体。"⑤ 在新少数群体中，许多国家给予不同的亚种类以不同的法律地位，比如寻求庇护者、临时客工（temporary guest workers）、非法移民和永久移民。金里卡在有权成为公民的移民和无权成为公民的移民之间做了区分。他

---

① ［加］威尔·金里卡：《当代政治哲学》，刘莘译，上海三联书店 2004 年版，第 625—626 页。
② ［加］威尔·金里卡：《当代政治哲学》，刘莘译，上海三联书店 2004 年版，第 626 页。
③ ［美］菲利克斯·格罗斯，《公民与国家——民族、部族和族属身份》，王建娥、魏强译，新华出版社 2003 年版，第 27 页。
④ 周平：《民族的两种概念》，《云南行政学院学报》2010 年第 1 期。
⑤ ［加］威尔·金里卡：《当代政治哲学》，刘莘译，上海三联书店 2004 年版，第 632 页。

的理论设计仅针对前者。

"持孤立主义立场的种族宗教群体：是指一些小的移民群体，它们自愿把自己与更大社会分离开来，并且避免参与政治和社会的事务。"①这些群体主要是出于宗教的原因而甘愿被边缘化。因为他们的宗教信仰要求他们避免与现代社会接触，如哈特人、阿曼人，他们都是因为宗教迫害而逃到异国他乡。

"非公民定居者（metics），不同于持孤立主义立场的人，如阿曼教徒，他们是自动放弃公民身份。非公民定居者是从来没有机会获得公民身份，这是个混合群体，包括非常规的迁徙者（譬如，非法入境者和延期出境者，如加利福尼亚的墨西哥人和意大利的北非人），以及临时迁徙者（譬如，那些进入某国寻求临时保护的难民或'外来打工者'，如德国的土耳其人）。"②

"非洲裔美国人，黑人是指 18 世纪和 19 世纪从非洲运往美国的奴隶的后代。在被奴役状态下，黑人根本不被当作公民，甚至不被当作'人'，只是被当作奴隶主的财产，就像牲畜或房屋。"③

金里卡秉承德沃金"敏于志向，钝于禀赋"的思想，认为人们应该为自己的选择所造成的不利处境承担责任，而不应该为自己无法选择的境况承担责任。移民来到现在居住的国家，是出于自愿，是自己的选择，因此其目标是融入主流社会，而少数民族则是在非自愿的情况下，归属于特定的国家，因此，应当保持其独特的、完整的社会性文化。

---

① ［加］威尔·金里卡：《当代政治哲学》，刘莘译，上海三联书店 2004 年版，第 636 页。
② ［加］威尔·金里卡：《当代政治哲学》，刘莘译，上海三联书店 2004 年版，第 639 页。
③ ［加］威尔·金里卡：《当代政治哲学》，刘莘译，上海三联书店 2004 年版，第 643 页。

问题是，金里卡的"少数民族—移民二分法"并没有涵盖所有的民族或种族群体，他自己也承认，这种分类法没有包括非公民定居者、非洲裔美国人、吉普赛人、苏联解体后散居在各国的俄罗斯人等。但他同时认为，这些非典型的族群与少数民族和移民有着某种程度的交叉，其权利诉求可以部分地比照移民或少数民族。

但是，这种分类方法面对现实政治时，却显得有些苍白无力。

（二）文化成员身份的含义

金里卡则采用"政治—文化"二分法，真正区分了公民身份和文化成员身份。他认为存在两类社群，"一类是政治社群，居住在同一个政治社群里的人是公民同胞。另一类则是文化社群。个人在这个社群中逐渐形成并修订自己的理想和抱负。处于相同文化社群中的人们彼此拥有共同的文化、历史和语言，正是这些东西规定了他们的文化成员身份"。①

政治社群与文化社群可能是重合的，也可能是不重合的。在现代国家中，只有极个别的政治社群与文化社群是重合的。据相关资料显示，只有韩国、冰岛、日本是比较典型的单一民族国家。而绝大多数现代国家是多民族国家，或多种族国家。一个国家内有着不同语言、历史、文化传统的民族或种族。

---

① ［加］威尔·金里卡:《自由主义、社群与文化》，应奇、葛水林译，上海译文出版社 2005 年版，第 129 页。

第二节　少数族群权利的依据

少数族群为什么应当被赋予族群差异权利呢？少数族群权利是基于文化成员身份获得的。金里卡认为文化成员身份有利于促进自由主义的核心价值——个人自主性。少数族群文化成员身份面临不利，而少数族群权利有利于纠正这种不利处境，实现族群间的平等。另外，金里卡分析了历史协定的论证和文化多样性的论证，指出，这两种论证在一定程度上依赖于平等论证。

一、文化成员身份有助于促进个人自主性，进而促进族群内自由

自主是自由主义的核心价值，在金里卡看来，文化成员身份对于个人自主有着重要的意义。

（一）社会性文化和文化成员身份是个体进行选择的背景

与传统的自由主义者不同，金里卡并不认为个人是单子式的、无牵无挂的个体。个人处于一定的社会性文化中，社会性文化和文化成员身份成为个体进行选择的背景。他指出，"自由涉及在各种选项之中作出选择，而我们的社会性文化不仅提供了这些选项，也使它们对我们来说富有意义。"① "文化成员身份在'对一种文化的熟悉决定了可想象

---

① ［加］威尔·金里卡：《多元文化公民权：一种有关少数族群权利的自由主义理论》，杨立峰译，上海译文出版社 2009 年版，第 105 页。

之事的边界'的意义上提供了富有意义的选项。因此，如果一种文化是衰败的或者歧视性的，那么，'向它的成员开放的选项与机会就会减少，并变得没有吸引力，而且它们的追求更不可能会成功'。"①

金里卡指出，由于文化成员身份为个人选择提供了选项，因此，文化成员身份并没有对自由主义造成冲击。"自由文化的成员确实很珍视他们的文化成员身份。自由化绝没有取代民族身份。事实上，自由化是与一种日益增强的民族身份感携手前进的。"②

（二）文化成员身份为其成员提供了认同聚焦

金里卡阐述社会性文化和文化成员身份为个人提供自主选择背景的同时，进一步强调了文化成员身份所提供的认同聚焦的作用。"民族身份尤其适合作为'认同的主要聚焦点'，因为它是基于归属而不是基于成就的。"③"如果认同不取决于成就，那么它是比较可靠的，比较不容易受到威胁。尽管成就在人们自我认同感中起着一定的作用，但在最基本的水平上，我们的自我认同感依赖于归属标准，而不是成就标准。在这种水平上得到保证的认同，对人们的幸福显得尤其重要。"④"文化身份'为（人们的）自我认同和不费力且又可靠的归属'的安全性提供

---

① ［加］威尔·金里卡：《多元文化公民权：一种有关少数族群权利的自由主义理论》，杨立峰译，上海译文出版社 2009 年版，第 113 页。
② ［加］威尔·金里卡：《多元文化公民权：一种有关少数族群权利的自由主义理论》，杨立峰译，上海译文出版社 2009 年版，第 113 页。
③ ［加］威尔·金里卡：《多元文化公民权：一种有关少数族群权利的自由主义理论》，杨立峰译，上海译文出版社 2009 年版，第 114 页。
④ ［加］威尔·金里卡：《多元文化公民权：一种有关少数族群权利的自由主义理论》，杨立峰译，上海译文出版社 2009 年版，第 114 页。

了一个'支撑点',如果某个文化不受尊重,那么它的成员们的尊严和自尊也会受到威胁。"①

周平也持相似的观点,"正如意大利的民族主义思想家马志尼所说的:个人离开了民族,'既没有姓名、标志、声音,也没有权利','他是一个没有旗帜的兵,没有能力对其余人类尽他的义务'"。② 塔米尔的"身份恢复"观点接近于认同聚焦的概念。她认为:"'身份恢复'这个术语反映了一种对于特定的身份连续性的信念。它假设当一个犹太人出身的个体选择把自己界定为犹太人的时候,他就因此回归到了自己的根,恢复了与自己的历史的联系,并拥有了一种本来就应该拥有的身份。"③

社会性文化果真如金里卡所言,对于其成员的自主性有如此重要的意义吗?有人将个人与文化的关系排成一道光谱,认为可以分为三类,第一种为文化本真者,亦即个人深切珍惜其所属文化所提供的意义系统,在追求其美善人生时,以之作为文化认同本真性的目标。第二种为文化革新者,个人也可以对其所属文化较具革新性的态度,对其文化表现一定程度的认同,但却懂得借用文化所提供的信念、实践,另行寻找其个人的人生新方向,其追寻的最后结果,未必与文化本真保持如同前一种态度中的密切关联性。第三种为文化无拘者,亦即在文化上主要抱持较为无拘无束的态度,并不忠于任何一个特定文化,而是摆动于各

---

① [加] 威尔·金里卡:《多元文化公民权:一种有关少数族群权利的自由主义理论》,杨立峰译,上海译文出版社 2009 年版,第 114 页。

② 周平:《民族的两种概念》,《云南行政学院学报》2010 年第 1 期。

③ [以] 耶尔·塔米尔:《自由主义的民族主义》,陶东风译,上海世纪出版集团 2005 年版,第 18 页。

文化之间，选取其自身所关心的信念、实践与生活方式，这种生活最具有原创性，但其对于文化之理解，也容易沦为肤浅和分裂。张培伦对金里卡的认同聚焦的提法提出了质疑，"文化选择脉络和认同聚焦固然对于文化社群成员有一定程度的重要性，但是否可以将之延伸为对所有成员具有同等重要性，则值得商榷。或许有些人可以视之为生命中心，甚至生死与之，但也有些人可以悠游于各种文化之间，不对任何文化保持忠诚认同，当然更大多数人可以介于其中，对于所属文化有一定的情感，但也可以开创其他认同空间。选择脉络对每一个人都很重要，但个人所属文化对于个人的重要性如何，那就不一定了，至少就文化无拘者而言，根本不认为其所属特定文化对其有任何不可取代的重要性"①。

二、少数族群权利有利于纠正少数族群的不利处境，促进族群间的平等

自由主义对平等向来抱着一种复杂的态度，既十分同情，又十分警惕。自由主义者所谓的平等，通常是指法律面前人人平等，或者道德上的平等关切与尊重。这种平等实质上是形式平等、权利平等、起点平等，而非结果平等和实质上的平等。罗尔斯正义理论的出现，给传统的自由主义平等观赋予了新的内容，他多次声明正义意味着平等。他的两个正义原则即平等的自由原则，机会的公平平等原则以及差别原则。其中平等的自由原则优先于机会的公平平等原则以及差别原

---

① 张培伦：《族群差异权利之道德证成——秦力克自由主义多元文化论之可能性》，国立台湾大学哲学研究所博士论文，2005 年，第 84 页。

则，机会的公平平等原则优先于差别原则。罗尔斯所谓的差别原则，针对的是经济上处于弱势的群体，并没有考虑到文化上处于不利地位的群体。而金里卡把文化成员身份视为基本善，进一步完善了罗尔斯的正义理论体系。

金里卡把文化成员身份纳入罗尔斯正义理论体系的原因有二："第一，文化成员身份在自由主义理论中有着比通常认识到的更重要的地位，那即是，应该把自由主义道德本体论中一个无可非议的部分——个人视作特定文化社群中的成员，对他们而言文化成员身份是一种重要的善。第二，少数族群文化社群中的成员们在文化成员身份的善的方面面临特定的困境，这些困境的解决要求并为少数族群权利的规定提供了辩护。也就是说，我们需要阐明，文化社群中的成员身份或许是分配自由主义正义论所关心的利益与义务的一个相关尺度。"① 正如扬指出的，或许在某个乌托邦的未来里，存在着一个没有群体压迫及不利处境的社会。然而我们不能一开始就假设一个完全正义的社会，并以此来引发一套政治原则，我们必须从我们存在的一般历史及社会条件出发。而一般的历史和社会条件，是少数族群由于历史的原因，处于不利处境，因此需要再分配以保证其机会平等。

金里卡认为，罗尔斯和德沃金并非没有认识到文化对公民的重要价值，只是他们是在民族国家的框架内思考问题的，把罗尔斯的正义理论置于多民族或多种族国家背景下，则文化成员身份理所当然地被视为一项基本善进行分配。

---

① Will Kymlicka, *Liberalism*, *Community*, *and Culture*, Oxford: Oxford University Press, 1989, p.61.

　　金里卡指出，"如果关于文化成员身份确实存在一种不利，而且，如果这些特殊权利真的有助于纠正这种不利，那么，这种基于平等的论证就支持把这些特殊权利赋予少数族群。"① 而事实上，少数民族或移民在语言问题、权力划分以及边界划分等问题上确实处于不利处境，因此少数族群应当被赋予特殊权利。金里卡主张把基于族群差异基础上的自治权赋予少数民族，来抵消少数民族面临的不平等环境，因为"这种环境把少数族群的成员置于文化市场的系统性不利地位，而无视少数民族成员的个人选择"②。土著同样需要特殊权利来改善其不利处境，因为"土著最脆弱，因为他们人口少，他们的文化与欧洲文化之间差距很大，他们更容易感染疾病。因此，他们经常要求更多的保护，具体体现为保留地和自决权等形式"③。金里卡针对移民在公共节假日、着装、国家象征物等方面所受到的不公正待遇，主张赋予他们多种族权利，来改善其不利处境。

　　另外，金里卡在一定程度上承认基于历史协定赋予少数族群差异性权利的合理性，但历史协定论证必须依赖于平等论证。也就是说，基于体现平等精神的历史协定基础上的族群差异权利具有合理性，而基于不能体现平等精神的历史协定基础上的族群差异权利则不具有合理性。他指出，"如果我们希望捍卫族群差异权利，我们就不应该仅仅依赖历史协定。因为历史协定总是需要解释，而且不可避免地需要更新和修

---

① ［加］威尔·金里卡：《多元文化公民权：一种有关少数族群权利的自由主义理论》，杨立峰译，上海译文出版社 2009 年版，第 140 页。

② Will Kymlicka, *Multicultural Citizenship*：*A Liberal Theory of Minority Rights*，Oxford：Oxford University Press，1995，p.113.

③ Will Kymlicka, *Politics in the Vernacular*：*Nationalism*，*Multiculturalism and Citizenship*，Oxford：Oxford University Press，2001，pp.146-147.

正。因此，我们必须把历史协定放到更为深刻的正义理论的框架中。历史论证必须和平等论证结合在一起。"①

金里卡反对基于文化多样性赋予所有少数族群差异性权利，认为文化多样性的论证更适合为移民的多种族权利提供合理性，移民基于文化多样性的论证所获得的多种族权利会给多数族群带来益处，而不会产生逆向不平等，他指出，"与少数民族自治权不同，移民的多种族权利有利于促进多数族群文化的多样性，同时，多种族权利也不会对多数族群的迁移和寻求经济机会造成限制。"② 金里卡得出这样的结论，"多样性论证能够补充，而不能取代基于平等或历史协定的正义论证。"③

总之，金里卡认为，历史论证依赖于平等论证，文化多样性论证在一定程度上补充了平等论证和历史论证。

第三节　少数族群权利的构成要素

金里卡认为，在多元文化社会中，光有普适性的公民权是不够的，要想实现所有公民之间的真正平等，需要辅之以体现族群差异的少数族群权利。"许多主张应赋予种族性或民族性少数群体以族群差异权利的人坚持认为，需要它们来确保所有公民都能够被真正平等地对待。按照

---

① Will Kymlicka, *Multicultural Citizenship：A Liberal Theory of Minority Rights*，Oxford：Oxford University Press，1995，p.120.

② Will Kymlicka, *Multicultural Citizenship：A Liberal Theory of Minority Rights*，Oxford：Oxford University Press，1995，p.123.

③ Will Kymlicka, *Multicultural Citizenship：A Liberal Theory of Minority Rights*，Oxford：Oxford University Press，1995，p.123.

这种看法，'包容差异是真正平等的精髓'。"①

　　少数族群权利与普适性权利在权利主体、权利种类、权利实现的制度设计以及国家在权利实现过程中所扮演的角色上都是不同的。

一、权利主体——基于文化成员身份的个体或群体

　　普适性公民权利的主体是公民个体，每个个体都被当作平等的关切与尊重的主体。公民作为个体拥有平等的公民权利②、政治权利，还有社会权利。

　　人们通常认为，金里卡所倡导的少数族群权利是集体权利，而不是个体权利。比如，耶尔·塔米尔在其《自由主义的民族主义》一书中，对金里卡进行了这样的批判："把文化权利阐释为一个共同体维护其本真文化的权利，导致金里卡即使以践踏个体权利为代价也支持群体权利。"③ 这是对金里卡的一种误读。金里卡所主张的少数族群权利，事实上是族群差异权利。族群差异权利的主体，可以是族群集体，也可以是个体，但这里的个体是作为族群组成成员的个体，而不是作为公民的个体。把族群差异权利当作集体权利来看待，容易导致把普适性权利和族群差异权利的争论看成是个人和集体何者优先的争论。而事实上，这是如何看待普遍平等和差异平等的问题。

　　金里卡认为，"集体权利""团体权利"等术语或者过于宽泛或过

————————————

① Will Kymlicka, *Multicultural Citizenship*: *A Liberal Theory of Minority Rights*, Oxford: Oxford University Press, 1995, p.108.

② 此处的"公民权利"同样是指狭义的公民权利，本书的"公民权利"是在广义上而言的，包括狭义的公民权利、政治权利和社会权利。

③ [以] 耶尔·塔米尔：《自由主义的民族主义》，陶东风译，上海世纪出版集团 2005 年版，第 40 页。

于狭窄，他经常使用的术语是"少数族群权利"。他声称，"我以为'特殊地位'和'少数族群权利'是最不容易引起歧义的术语"。① 金里卡指出，用集体权利的语言来描述族群差异权利，是具有误导性的。"一些族群差异权利事实上是由个体行使的，而且，无论如何，这些权利是由个体还是由集体行使的问题并不是最主要的问题。重要的是，为什么某些权利是有群体差别的，确切地说，为什么有些群体的成员应该拥有关于土地、语言、代表等的权利，而其他群体的成员却不拥有同样的权利。"② 金里卡指出，少数族群的权利之所以是有差别的，根源在于其文化成员身份的不同。"族群差异权利，是基于文化成员身份而赋予的。但有些赋予了个体，有些赋予了群体，有些赋予了一个省或地区，而有些赋予了有人数保证的地方。"③ 金里卡通过考察少数族群语言权利以及土著民族的狩猎和捕鱼权来说明这一点。"在加拿大，讲法语者在联邦法庭上使用法语的权利，就是一种赋予个体并由个体行使的权利。讲法语者所拥有的让他们的孩子在法语学校受教育的权利是稍微不同的：它是由个体行使，但仅仅'在有人数保证的地方'才能实现。另一方面，土著民族的狩猎和捕鱼权通常都是由部落行使。例如，由一个印第安人部落委员会来决定狩猎所发生的一切。"④

---

① Will Kymlicka, *Liberalism, Community, and Culture*, Oxford: Oxford University Press, 1989, p.139.

② Will Kymlicka, *Multicultural Citizenship: A Liberal Theory of Minority Rights*, Oxford: Oxford University Press, 1995, p.46.

③ Will Kymlicka, *Multicultural Citizenship: A Liberal Theory of Minority Rights*, Oxford: Oxford University Press, 1995, p.45.

④ [加] 威尔·金里卡：《多元文化公民权：一种有关少数族群权利的自由主义理论》，杨立峰译，上海译文出版社 2009 年版，第 57 页。

在这里，特别需要指出的是，金里卡所主张的个体权利和普适性的公民权利显然是不同的。基于文化成员身份所获得的个体权利是差异性的权利，而基于公民身份所获得的权利，则是平等的、普遍的权利，国家法律和政策赋予每个公民没有丝毫差别的权利。比照我们国家的法律和政策，比如关于结婚年龄的规定，婚姻法规定男方结婚年龄不得小于 22 岁，女方不得小于 20 岁，但婚姻登记管理条例赋予少数民族根据本民族实际情况自行规定结婚年龄。有一些少数民族规定男方不低于 20 岁，女方不低于 18 岁。过去，婚姻法曾规定一对夫妇只生一个孩子，但少数民族可以根据自己的情况另行规定。有的少数民族允许生两个孩子，有的三个或以上。生几个孩子的权利是少数民族成员个体来行使的，但这种权利是基于其文化成员身份而获得的。还有少数民族高考加分政策，以及最近几年开始的少数民族骨干计划涉及的硕博士招生单独进行，都是基于文化成员身份而获得的特殊权利。

二、权利种类——自治权、多种族权利、特殊代表权

普适性公民权利在不同时期、不同国家的界定是不同的，但在每一个国家内部的同一时期每个公民所享有的公民权利是相同的。通常而言，体现公民身份的普适性权利包括马歇尔所说的三个方面：公民权利、政治权利和社会权利。

而少数族群权利则因族群的不同而有所差异。金里卡认为，少数族群权利包括以下种类：自治权、多种族权利以及特殊代表权。

1. 自治权。金里卡对自治权做出了这样的解释，"在大多数多民族国家中，各组成民族都倾向于要求某种形式的政治自主权或区域管辖权，以便确保它们的文化充分且自由地发展，并且确保他们人民的最佳

利益"。① 联合国认为只有土著才享有这一权利。而联合国所讲的土著的具体所指是很含糊的。金里卡则认为把自治权只授予土著，存在道德上的矛盾、概念上的混乱以及政治动力的不足。他主张把自治权利授予土著和少数民族。根据宪法和民族区域自治法的规定，我国少数民族具有如下自治权：自主管理本民族、本地区的内部事务,② 享有制定自治条例和单行条例的权利;③ 使用和发展本民族语言文字的权利。④

2. 多种族权利。这种权利是针对移民的族群差异权利。以下多元文化政策旨在实现多种族权利：修改公立学校中的历史和文学课程，以使移民群体的历史和文化贡献得到更大程度的承认；改变工作日以适应移民群体的宗教节日；修改服饰法规以适应移民群体的宗教信仰；实行反种族歧视教育计划；施行工作场所或学校反骚扰法规，旨在防止同事／学生发表种族歧视的言论；警察和卫生专业人士接受文化多样性的强制培训，以使他们能弄清移民家庭内的个体需求和冲突；为种族文化节日和种族研究项目提供政府财政支持；以其母语向成年移民提供某些服务，而不是要求他们学会英语作为获取公共服务的前提条件；向移民子女提供双语教育项目，使他们的早期教育部分地用母语进行，作为向使用英语的中等和高等教育过渡。这些政策都是为了促进移民融入主流

---

① ［加］威尔·金里卡：《多元文化公民权：一种有关少数族群权利的自由主义理论》，杨立峰译，上海译文出版社 2009 年版，第 34 页。

② 民族自治地方各族人民行使宪法和法律赋予的选举权和被选举权，通过选出人民代表大会代表组成自治机关，行使管理本民族、本地区内部事务的民主权利。

③ 《民族区域自治法》规定："民族自治地方的人民代表大会除享有一般地方国家权力机关的权力外，还有权依照当地民族的政治、经济和文化的特点，制定自治条例和单行条例。"

④ 民族自治地方的自治机关在执行公务的时候，依照本民族自治地方自治条例的规定，使用当地通用的一种或者几种语言文字；同时使用几种通用的语言文字执行职务的，可以以实行区域自治的民族语言文字为主。

社会。① 我国不是典型的移民国家，对多种族权利，并没有明确的法律规定。

3. 特殊代表权。特殊代表权基于某种不利地位而获得。"特殊代表权利常常作为对政治过程中的某种特殊性劣势或障碍的一种回应而得到辩护，这种劣势或障碍使得某个群体的意见和利益不能得到有效的表达。"② 因此，"民族性少数群体在任何能够解释或改变它的自治权力的机构（例如最高法院）中都应当获得有保证的代表席位，似乎就是自治的一个必然结果"。③ 以我国的人民代表大会的少数民族代表为例，"人民行使国家权力的机关是全国人民代表大会"（《宪法》第二条第二款），《宪法》第五十九条规定："各少数民族都应当有适当名额的代表。"我国的《选举法》的第十七条规定，"人口特少的民族，至少应有代表一人"。这种依据少数民族特殊利益表达需求，而不是按人口比例赋予少数民族的代表权，实质上是特殊代表权。少数民族代表一方面作为和其他人大代表一样的普通代表，对全国性事务进行投票表决。另一方面，也可以组成代表团，对涉及少数民族利益的议案进行投票表决。

少数族群因其族群的差异性而获得不同种类的权利。一个经济上成功的移民不能够拥有自治权和特殊代表权，少数民族则没有多种族权利。

---

① 详细论证参见 Will Kymlicka, *Finding Our Way: Rethinking Ethnocultural Relations in Canada*, Toronto: Oxford University Press, 1998, pp.48-49.

② ［加］威尔·金里卡：《多元文化公民权：一种有关少数族群权利的自由主义理论》，杨立峰译，上海译文出版社 2009 年版，第 41 页。

③ ［加］威尔·金里卡：《多元文化公民权：一种有关少数族群权利的自由主义理论》，杨立峰译，上海译文出版社 2009 年版，第 41 页。

三、少数族群权利实现的制度设计——多民族联邦制和群体代表制

现代国家因其政体、国家结构形式、治理理念、民族、种族构成、居住及力量对比等情况的不同，在公民权利和少数族群权利实现的制度设计上也是不同的。单一制和联邦制的制度设计不同，单一民族国家和多民族国家制度设计不同，拥有大量移民和移民较少的国家制度设计不同，各民族、种族聚居与散居的国家制度设计不同等。金里卡对实现少数族群权利的制度设计的论述主要是针对加拿大、美国等实行自由民主体制的多民族或多种族的西方国家的情况而言的。本文对制度设计的阐发限定于这样的国家。

尽管保障少数族群权利得以实现的制度有很多，但最具代表性的无疑是多民族联邦制和群体代表制。金里卡对这两种制度进行了大篇幅的阐发。

（一）多民族联邦制

联邦制分为地区性联邦制和多民族联邦制。在一些国家，之所以适用联邦制只是因为它提供了单一民族权力分割和分散的方式。这是联邦制的地区形式，不同于多民族联邦制。金里卡认为地区性联邦制可能对少数族群带来不利影响。"如果这些关于边界和权力的决定不是为了给少数民族授权，联邦制也许会恶化民族性少数群体的地位，像在美国、巴西和其他地区性联邦制国家那样。"① 金里卡把加拿大的联邦制称

---

① Will Kymlicka, *Finding Our Way: Rethinking Ethnocultural Relations in Canada*, Toronto: Oxford University Press, 1998, p.138.

为"非对称联邦制"，"魁北克，是建立在民族基础上的单元，体现了一个民族保持自己独特的文化和具有自治权的政治社会的特征，而其他省份则是建立在地区基础上的单元，体现了单一民族在地区基础上对权力的分散"①。也就是说，在加拿大，只有魁北克实行的是多民族联邦制，其他省份则是地区性联邦制。

金里卡承认多民族联邦制在保证少数族群权利方面虽有作用，但并不能避免分离主义的危险。"民意测验结果表明，魁北克、佛兰德、苏格兰②、波多黎各以及加泰罗尼亚这些地区的居民对分离主义的支持率有所不同，但没有任何证据表明这种支持有普遍下降的趋势。与成功的多民族联邦制共存的，往往是拥有坚实民众基础的分离主义运动。在民主的多民族国家里，活跃而又广受支持的分离主义运动已经成为在日常生活中不可或缺的一部分。"③

尽管金里卡指出了多民族联邦制的局限性，但他仍对多民族联邦制信心十足。他指出，"没有理由因为一直存在着分离的可能性就证明多民族联邦制将会失败，分离就一定会发生。相反，迄今为止的西方经验表明，多民族联邦制具有惊人的弹性。"④"在西方，尚没有一个为从民主的多民族联邦制国家分离出去而进行的全民公决的投票最终获

①　Will Kymlicka, *Finding Our Way*：*Rethinking Ethnocultural Relations in Canada*，Toronto：Oxford University Press，1998，p.139.

②　金里卡认为苏格兰、威尔士同魁北克一样，也是通过多民族联邦制来保护少数民族的权利，笔者在伯明翰大学访学期间，就这一问题与多个英国学者进行过交流，他们都不赞同这一提法。

③　[加] 威尔·金里卡：《少数的权利：民族主义、多元文化主义和公民》，邓红风译，上海译文出版社 2005 年版，第 91—92 页。

④　[加] 威尔·金里卡：《少数的权利：民族主义、多元文化主义和公民》，邓红风译，上海译文出版社 2005 年版，第 117 页。

得胜利。"①

(二) 群体代表制

金里卡在揭示传统的代议制的局限性基础上，指出群体代表制为少数族群权利的实现提供了程序上的保证。他认为传统代议制具有以下局限："个体要在均等的选区内拥有平等的一票。这是满足每个个体都拥有平等的投票权这一原则所要求的全部，而且，只要各个选区具有均等的规模，那么，它就不应该关心如何划分这些边界。但是，这忽视了这个事实，即人们是作为利益共同体的成员投票的，而希望在这个基础上得到代表。"② 这意味着，少数族群基于文化成员身份的差异性权利没有机会得到表达和聆听。而群体代表制恰恰赋予处于不利地位或边缘地位的少数族群以特殊代表权。

那么，究竟哪些群体应该得到代表？一个群体应该拥有多少席位？如何保证代表负责任呢？金里卡认为，处于系统性歧视地位和有强烈自治权诉求的群体应该得到代表。但问题是，根据这种标准，除了相对富有的、相对年轻的、身体健康的、异性恋的白人男性之外的所有人都有可能得到代表。而且，有些处于不利地位的群体并不希望拥有群体代表权。比如有些移民群体，他们更愿意通过政党活动来维护自身权利。群体的席位数，按照通常的观点来看，一种是按照其在人口中的比例来确定代表数，另一种是保证最低席位数。而比例代表制不能确保处于不利

---

① ［加］威尔·金里卡：《少数的权利：民族主义、多元文化主义和公民》，邓红风译，上海译文出版社 2005 年版，第 118 页。

② ［加］威尔·金里卡：《多元文化公民权：一种有关少数族群权利的自由主义理论》，杨立峰译，上海译文出版社 2009 年版，第 175 页。

地位或有强烈自治诉求的群体的权利得到充分表达。"有证据表明，如果一个边缘化的或处于不利地位的群体只有一个或两个成员在一个立法部门或委员会中代表这个群体。那么，他们很可能就会被排斥，而且他们的声音也会受到忽略。而对某些处于不利地位的群体——如种族少数群体或移民群体——实行比例代表制，只会造成这种象征性的代表。因此，有效代表它们的利益所需要的席位数目，可能要超出按人口比例选举代表所要求的席位数。"① 迄今为止，还没有找到保证代表负责任的理想方法。

　　针对一些自由主义者对群体代表制导致的使群体差别制度化，以及赋予其过高的政治地位，从而可能危及社会团结的诘难，如前所述，金里卡尽管认识到了群体代表制存在的一些问题，但仍对其保持乐观态度。"群体代表制并不是本质上反自由主义的或不民主的。它是我们现有的民主制度的合理扩展。而且，或许在一些情景中，它是保证少数族群的利益和观点得到表达的最合适的方式。由于是否能够在政治过程中得到公正的倾听，对少数族群来说至关重要，因此，各种要求群体代表制的提议自身就值得公正的倾听。"②

　　四、国家角色——不利处境的纠正者和改善者

　　如第一章所述，金里卡批判了传统自由主义者"族裔文化中立"和"善意的忽略"的观念，提倡国家在少数族群权利实现过程中，应当

①　[加] 威尔·金里卡：《多元文化公民权：一种有关少数族群权利的自由主义理论》，杨立峰译，上海译文出版社 2009 年版，第 189 页。

②　[加] 威尔·金里卡：《多元文化公民权：一种有关少数族群权利的自由主义理论》，杨立峰译，上海译文出版社 2009 年版，第 193 页。

发挥纠正和改善其不利处境的作用。

金里卡认为，"善意的忽略"忽略了少数族群的不利处境，国家应当通过赋予少数族群差异权利，来纠正和改善少数族群的不利处境。"如果关于文化成员身份确实存在一种不利，而且，如果这些特殊权利真的有助于纠正这种不利，那么，这种基于平等的论证就支持把这些特殊权利赋予民族性少数群体。"①具体来说，"像地区自治、否决权、在中央机构中的有保证的代表权、土地权利和语言权利这样的族群差异权利，通过降低少数族群相对于多数族群的易受伤害性，可以帮助纠正这种不利。这些外部保护措施确保了少数族群的成员与多数族群的成员拥有相同的机会在他们自己的文化中生活和工作"②。其实质就是，国家通过赋予少数族群自治权、多种族权、特殊代表权等族群差异权利，使少数人获得外部保护，从而使其境况得到改善。

金里卡不否认少数族群被赋予特殊权利，可能导致另一种不平等，但考虑到这种不平等所要付出的代价要比没有这种不平等的代价要少得多，他坚持自己的这一主张。"这些权利或许会把一些限制强加给较大社会的成员。但是，这些权利的存在所要求的非少数族群成员的牺牲，比起少数族群成员在缺少这些权利所面临的牺牲要少得多。"③"如果没有这些权利，许多少数族群文化的成员就会面临丧失他们的文化，这是

---

① ［加］威尔·金里卡：《多元文化公民权：一种有关少数族群权利的自由主义理论》，杨立峰译，上海译文出版社 2009 年版，第 140 页。

② Will Kymlicka, *Multicultural Citizenship*: *A Liberal Theory of Minority Rights*, Oxford: Oxford University Press, 1995, p.109.

③ ［加］威尔·金里卡：《多元文化公民权：一种有关少数族群权利的自由主义理论》，杨立峰译，上海译文出版社 2009 年版，第 140 页。

一种我们不能合理地要求人们接受的损失。"① 当然，无论如何，这些特殊权利是以自由主义的基本原则为底线的。

第四节　少数族群权利的限度

金里卡对少数族群权利的承认和尊重是有其底线的，即不违背自由主义自由、平等、正义等基本理念。他指出，"一种自由主义的少数族群权利理论必须解释清楚，少数族群权利如何与人权和平共存，少数族群权利如何受个人自由、民主与社会正义等原则的限制。"② 而自由主义普适性的公民权恰恰体现了自由主义个人自由、民主和社会正义等原则。金里卡对少数族群权利的底线可以表述为"族群内的自由"和"族群间的平等"。

一、"族群内自由"和"族群间平等"的实现方式

金里卡通过捍卫"外部保护"来实现族群间的平等，通过反对"内部限制"来实现族群内个体的自由。

"内部限制"有关族群内部的关系，"种族性或民族性群体或许寻求以群体稳定的名义运用国家权力来限制它的成员的自由"③。"这种要求

① ［加］威尔·金里卡：《多元文化公民权：一种有关少数族群权利的自由主义理论》，杨立峰译，上海译文出版社 2009 年版，第 140 页。

② Will Kymlicka, *Multicultural Citizenship: A Liberal Theory of Minority Rights*, Oxford: Oxford University Press, 1995, p.6.

③ ［加］威尔·金里卡：《多元文化公民权：一种有关少数族群权利的自由主义理论》，杨立峰译，上海译文出版社 2009 年版，第 45 页。

的目的在于保护群体免受内部不满的破坏性影响（例如，个体成员决定不遵守传统实践或习惯）"①，内部限制通常存在于神权政治和家长制中。比如禁止其成员脱教或改宗，比如对包办和买卖婚姻以及家庭暴力等的支持。

"外部保护"有关族群之间的关系，"确切地说，种族性或民族性群体可以寻求通过限制较大社会的决定的影响来保护它的独特存在和身份。这也就产生了某些危险，不是在某个群体内部压迫个体，而是在群体之间产生不公平"②。"这种要求的目的在于保护群体免受外部决定的影响（例如，较大社会的政治或经济决定）。"③

法国当局对穆斯林传统服饰的不尊重以及穆斯林群体对此的反应，可以很好地诠释"外部保护"的含义。2004 年，法国议会通过一项立法，禁止学生用面纱遮住脸或佩戴任何有宗教象征意义的饰物，从而引发了穆斯林的大规模抗议。2008 年，该国最高法院拒绝授予一名身着波尔卡罩袍的摩洛哥女性以法国国籍，理由是她的这种穆斯林做法与法国男女平等的世俗法律格格不入。法国总统萨科齐 2010 年宣布，法国将禁止穆斯林面纱和罩袍以保护妇女的尊严。萨科齐承诺说："面纱和罩袍有损妇女尊严，群众的呼声是禁止这种穿戴方式，政府也将尽快拟定更完善的法律草案来禁止它。"而法国有五百万穆斯林，这一举措引起了穆斯林的极大不满，甚至恐怖分子扬言要报复。这是对多种族权

---

① ［加］威尔·金里卡：《多元文化公民权：一种有关少数族群权利的自由主义理论》，杨立峰译，上海译文出版社 2009 年版，第 44 页。

② ［加］威尔·金里卡：《多元文化公民权：一种有关少数族群权利的自由主义理论》，杨立峰译，上海译文出版社 2009 年版，第 45—46 页。

③ ［加］威尔·金里卡：《多元文化公民权：一种有关少数族群权利的自由主义理论》，杨立峰译，上海译文出版社 2009 年版，第 44 页。

利的侵犯。在这一事件中，穆斯林事实上受到了较大社会政治决定的伤害。

内部限制和外部保护所需要的土壤是不同的。内部限制可以存在于多民族或多种族的国家，也可以存在于单一民族、单一种族的国家。在每一种社会性文化内，甚至在文化上同质的国家内，都或多或少地有保持其文化习俗和传统的希望，使其免受其成员的质疑。外部保护则只存在于多民族、多种族的国家。因为这个国家会保护某一独特的民族或种族免受较大社会的决定的伤害。

有的民族性或种族性群体有内部限制的诉求，有的有外部保护的诉求，有的二者兼有。

二、"内部限制"与"外部保护"的内在矛盾

金里卡并不是绝对地反对内部限制，对持孤立主义立场的宗教族群的内部限制，他并不反对。比如美国的阿米什教徒，他们不希望自己的后代融入主流社会，因此他们不受美国义务教育法的限制。还有加拿大的长期存在的基督教分支，比如门诺派、杜霍波尔派、哈特派等，他们的孩子可以在 16 岁前退学，并可以自主地教授课程。在这里，金里卡的思想呈现出一定的矛盾性。按照他所维护的自由主义基本原则，人们有选择自己良善生活方式的自由。按照他的逻辑，阿米什人和哈特派教徒等，理应享有自主的权利来选择自己想要过的生活，但免除义务教育的规定以及 16 岁以前退学的规定等，显然是对个人自由选择权的违背。

金里卡自己也承认，内部限制可能是外部保护的副产品，他列举了几个例子来说明这一问题。比如萨尔曼·拉什迪事件（萨尔曼·拉什

迪是英国著名小说家，因其小说《撒旦诗篇》触怒了伊斯兰教徒，伊斯兰领袖霍梅尼对他和出版社下了死刑令，导致其多年逃亡），导致穆斯林建议制定诽谤群体法，这一建议的初衷是穆斯林希望其群体不受西方国家的恶意伤害。但其不可避免地有另外一种副效应，即限制其内部成员脱离宗教或渎神的言论或行动。另一个例子是关于土著土地权的问题。保护土著土地权的最有效办法是保留地制度。部落成员集体拥有土地权，内部成员不能自由买卖土地权。然而，这一举措的一个副产品是原本就很贫困的土著更没有能力借钱，因为其没有可以自由支配的财产来做抵押。这从表面上看并没有影响到其公民权利和政治权利，但事实上，由于经济上的匮乏状态，影响到其自由选择权。还有语言权的使用。比如在某一个少数族群占多数的地区，该族群的语言成为该地区的官方语言，而这无疑限制了这一地区讲另外一些语言的人的自由。

由此可见，内部限制和外部保护是不可能截然分开的。外部保护容易带来一定程度的内部限制。因此，支持"外部保护"和反对"内部限制"并不能保证族群内自由和族群间平等的实现。也就是说，金里卡并没有足够有效的方式来维护少数族群权利的底线。

第五节　少数族群权利与社会团结

金里卡指出，当前关于少数族群的批评不再针对其是否会危及自由主义的基本价值，而是针对其对社会团结的潜在威胁。金里卡认为，不同性质的少数族群权利，对社会团结的影响是不同的。多种族权利以及特殊代表权并不会危及社会团结，相反，这些权利能够促使少数族群增强对国家的认同感，进而增强社会凝聚力。而对自治权的诉求则意味着寻求自治权的少数族群想要在国家内成为独特的族群，这可能造成对社会团结的威胁。前文提到的金里卡对多民族联邦制的评价就体现了这一点，他认为多民族联邦制存在着与地区联邦制的非对称性，而且不能消除分离主义的情感。但是，他同时指出，如果无视少数族群的自治诉求，则可能引起这些族群的怨恨情感，进而招致其从国家脱离。也就是说，对少数族群的自治权的诉求，不管做出何种回应，都可能危及社会团结。金里卡对移民多元文化主义持乐观态度，虽然他在新近的作品中也提到穆斯林移民对西欧国家社会团结的威胁。但从总体上而言，他认为移民多元文化主义将会增强社会的凝聚力和移民对国家的认同感，"对于那些担心移民影响社会凝聚力的人来说，重要的是要记住，在许多国家，对社会凝聚力构成深刻挑战的，是那些历史悠久的少数民族，而不是移民。这是确实的，比如在西班牙、比利时、加拿大或者英国都的确如此"①。而亨廷顿则持相反的观点。他认为美国的多元文化主义现状会改变美国的国家特性，产生认同危机。他对拉美裔移民尤其担忧，认为其人口的增长，尤其是美国西南部和迈阿密正出现拉美裔化的局面，以及潜在的"收复失地"的威胁，都将挑战美国特性，挑战其盎格鲁—撒克逊的主流文化。

关于如何创造和维系社会团结，自由主义者最为普遍的认识是社会成员分享共同的价值，其中以罗尔斯为典型代表，他认为共同的正义感是社会团结的基础。金里卡对这一点表示怀疑，他通过分析挪威和瑞典的关系以及加拿大魁北克一度出现过的对脱离加拿大的高支持率来说

---

① 金里卡著、周少青译，《多民族国家的多元文化公民》，《世界民族》2014 年第 6 期。

明共同价值并非社会团结的基础。众所周知，挪威和瑞典分享着共同的自由民主价值，若共享的价值是社会团结的基础，那是否意味着从瑞典分离出来一百多年后的挪威，会重新和瑞典携手呢？事实表明这是根本不可能的。魁北克的讲英语者和讲法语者同样分享着共同的自由民主价值，但其分离主义情感并没有因此而消退。另外，纵观世界，西方国家之间以及西方国家内部都分享着越来越多的共同价值，但社会并没有因此而变得更加团结，相反，种族冲突时有发生。那么，金里卡对社会团结的基础是如何看待的呢？他认为，社会团结的基础不是共享的价值，而是共有的认同。"共享的价值并不能够充分保证社会团结。两个民族性群体拥有共同的价值或正义感的事实，并不能确保他们结合在一起，而不是分裂成两个国家。那么，还需要什么来保证社会团结呢？似乎缺失的是共同的认同感。"① 而这种共享的认同来源于共同的历史、语言或宗教等。

金里卡特别强调历史对于培育共享认同的作用。他指出，"在多民族国家中，共享认同的基础是什么呢？在一些国家，比如美国，共享认同的基础在于对历史成就所产生的自豪感。"② 因此，对于少数族群，特别是移民群体，应当通过历史教育或公民教育课程，来强化美国历史的教育。而这种历史教育不像以往，是强调白人文化的种族主义的历史，而是要体现对少数族群足够包容的历史。"作为一个美国人，在某种程度上而言，对种族的重要性，必须有深刻的认识。作为一个美国人，必

---

① Will Kymlicka, *Multicultural Citizenship: A Liberal Theory of Minority Rights*, Oxford: Oxford University Press, 1995, p.188.

② Will Kymlicka, *Finding Our Way: Rethinking Ethnocultural Relations in Canada*, Toronto: Oxford University Press, 1998, p.174.

须知道奴隶、内战、种族隔离学校、马丁·路德·金、黑人街区等，美国人应当将其视为美国特征的重要组成部分。"①

　　金里卡通过分析调查数据得出以下结论：自从 1971 年多元文化政策出台以来，赋予移民以族群差异权利非但没有削弱社会团结，反而有利于促进社会整合。他指出，"那些受多元文化主义直接影响的人有强烈的成为加拿大人的愿望，而那些在多元文化主义政策之外的人，则表现出很弱的成为加拿大人的愿望"。② 他通过移民的政治参与、官方语言掌握程度、异族通婚等角度来说明这一点。他指出，移民没有表现出参与种族性政党的意愿，而是为传统的国家性政党投票，移民支持国家的基本政治结构。移民都在接受加拿大基本的自由—民主价值和制度原则，即使他们的祖国是非自由主义的或非民主的。当他们参与政治时，他们是通过泛种族性政党，支持加拿大基本的自由民主原则。1971 年多元文化政策颁布后，讲官方语言的移民和异族通婚的比例都增加了。异族通婚比例的增加，说明加拿大人对多样性容忍度的提高。另外，比起多元文化政策颁布以前，人们更能接受别的种族的人作为同事、邻居、朋友。③

---

① 　Will Kymlicka, *Finding Our Way*: *Rethinking Ethnocultural Relations in Canada*, Toronto: Oxford University Press, 1998, pp.174-175.

② 　Will Kymlicka, *Finding Our Way*: *Rethinking Ethnocultural Relations in Canada*, Toronto: Oxford University Press, 1998, p.18.

③ 　具体论证参见 Will Kymlicka, *Finding Our Way*: *Rethinking Ethnocultural Relations in Canada*, Toronto: Oxford University Press, 1998, pp.18-20.

第三章

金里卡论自由的多元文化主义
少数族群权利模式国际化

当前，少数族群的权利日益受到重视，一方面是国内民主政治发展的结果，另一方面也受到国际社会的影响。那些愿意接受"多元文化公民权"观念和政策的国家发现国际社会愿意为其处理国家—少数族群关系提供专业技术支持和资金资助。而那些继续坚持原有的同化和排外模式的国家发现，他们面临国际社会的监督和批评。

国家—少数族群关系的国际化，意指国际社会介入国家与少数族群关系之中，金里卡认为，"自由的多元文化主义作为重塑这一关系的新模式，出现了全球普及的趋势"①。

在金里卡笔下，"国际社会"主要是指国际上的政府间组织，是依据民族—国家间共同签订的条约设立的，包括全球层面上的组织，如联合国、世界银行、国际劳工组织等。还有地区层面上的组织，如美洲国

---

① Will Kymlicka, *Multicultural Odysseys: Navigating the New International Politics of Diversity*, Oxford: Oxford University Press, 2007, p.3.

家组织、欧洲联盟、非洲联盟等。当前有些学者认为"国际社会"是个
伪命题，事实上是强国利益的代表。金里卡不同意这种看法。

第一节　少数族群权利国际化的背景及其具体体现

在国际法中，"minority rights"通常被称为"少数人"，尽管国际法
对"少数人"的界定与金里卡对"少数族群"的界定有一些差别，但其
本质是相同的，都是指在种族、宗教、语言等方面属于少数群体的人。

一、国际法视野中的"少数人"概念及其解释

国际社会对少数人权利的保护可以追溯到 1555 年签订的《奥格斯
堡条约》[①] 和1648年签订的《威斯特伐利亚条约》[②]，这两个条约实际上赋
予宗教上的少数人以权利。但国际社会却一直未曾对少数人权利的保护
问题给予足够的重视，1948 年的《世界人权宣言》没有就少数人权利
做出任何特别规定。直到 1966 年联合国通过的《公民权利和政治权利
国际公约》的 27 条，特别规定了保护少数人的条款，少数人权利国际
保护的必要性才又受到重视。令人遗憾的是，第 27 条却是《公约》中
最为模糊、最易引起争议的条款之一。第 27 条是这样规定的：在那些
存在着人种的、宗教的或语言的少数人的国家中，不得否认这种少数人
同他们的集团中的其他成员共同享有自己的文化、信奉和实行自己的

---

① 这一条约规定了在神圣罗马帝国，天主教徒和新教徒具有平等的地位。
② 这一条约规定了路德教与加尔文教徒具有与天主教徒同样的权利。

宗教或使用自己的语言的权利。对于这一条款，有多种解释。1971 年
联合国人权事务委员会下属的防止歧视和保护少数小组委员会任命弗
朗西斯卡·卡波蒂尔对少数人权利进行研究。他在 1977 年的《关于种
族、宗教或语言上属于少数人的权利的研究》报告中，对"少数人"是
这样界定的："与一个国家的其他人口相比处于劣势，处于非支配地位，
其成员，作为该国国民，具有种族、宗教或语言上的一些特征，并以此
区别于其他人口，并表现出（即使是含蓄地）保有其文化、传统、宗教
或语言的团结意识。"① 《联合国人权事务委员会的第23号意见》第5条
第一款对第 27 条是这样解释的，"第 27 条中的用语表明，所要保护的
人是属于某一群体的人，这种人共同享有某种文化、宗教和 / 或某种语
言。这些用语也表明，所要保护的个人不必是缔约国的公民"②。

其他各种定义大多是在卡波蒂尔定义的基础上界定的。国内学者
吴双全尝试着做出这样的定义："少数人是指那些在一个国家居住达到
一定期限，处于非支配地位，数量上具有一定规模但少于该国其他有关
人口，在民族、人种、宗教和语言等方面具有自身不同于其他人口的特
征，并且具有维持这些特征的共同愿望的人。"③ 李忠认为，"少数人是
指那些在数量上具有一定规模，在人种、宗教和语言方面具有不同于其
他人的特征，并且具有维系自己文化、传统、宗教或语言倾向，遭受偏
见、歧视或权利被剥夺，在政治、社会和文化生活中长期处于从属地

---

① See F.Capotorti, *Study on the rights of persons belonging to ethnic, religious and linguistic minorities*, Para.568.
② 第五十届会议（1994 年）第 23 号一般性意见：第 27 条：少数群体的权利。联合国人权事务委员会通过。见：http://hrlibrary.umn.edu/chinese/CHgencomm/CHhrcom23.htm。
③ 吴双全：《论"少数人"概念的界定》，《兰州大学学报》（社会科学版）2010 年第 1 期。

位，在一国领土上居住了一定时间的个人。"①

从围绕少数人定义的各种讨论可以看出：少数人的界定依据于客观和主观要素。诚如法学专家周勇所言，客观要素包括：群体特性、数量规模、群体的社会地位、国籍或公民身份、生活在一国领土范围内的时间等方面。②

群体特性，是指其本身所具有的语言、宗教、文化等方面的特征。数量规模中所指称的"少数"是针对在全国领土范围内而言，是少数人，就某一地区而言，其可能占据多数。从社会地位上来看，少数人在国家中处于非支配地位，其权利如果不受到特别保护，相比于多数人，他们可能处于不平等地位。从国籍上看，世界各国关于国籍的取得主要以出生地或血统为标准。一般来说，移民较多的国家以出生地为标准，即本人出生在当地国，就取得当地国的国籍，比如美国；移民不多的国家多以血统为标准，即以父母的国籍为本人的国籍。我国的国籍法采取的是出生地和血统相结合的标准。按我国国籍法的规定，如果父母双方或一方是中国公民，本人出生在中国的，具有中国国籍；如果父母双方或一方是中国公民，本人出生在外国的，具有中国国籍；但父母双方或一方为中国公民并定居在外国，本人出生时即具有外国国籍的，不具有中国国籍。如果父母无国籍或国籍不明，定居在中国，本人出生在中国，具有中国国籍。外国人或无国籍人，是中国人的近亲属，或者定居在中国的，或者有其他正当理由的，愿意遵守中国宪法和法律，可以经申请批准加入中国国籍。从居住期限看，不同国家有不同规定，例如，

---

① 李忠：《论少数人权利——兼评〈公民权利和政治权利国际公约〉第 27 条》，《法律科学》1999 年第 5 期。

② 周勇，《少数人权利的法理》，社会科学文献出版社 2002 年版，第 11 页。

从群体权利的角度来看，匈牙利规定作为国内的少数民族群体必须在其境内生活 100 年以上，才能享受少数民族权利。对个体而言，比起其他西方国家，加拿大国籍最容易获得。对于一个移民加拿大的外国人来说，年满 18 岁，4 年中居住满 3 年，能用英语和法语沟通（不必流利地交流），没有犯罪记录，就有申请公民的资格。美国国籍不像加拿大那样容易获得，而且越来越难。即便获得了绿卡还要等 5 年的时间，才有申请国籍的资格。法国和德国的国籍更难获得。

当然这些客观特征不是绝对的，比如，关于是否具有该国公民身份才能享有少数人权利的问题，卡波蒂尔和联合国人权事务委员会的解释就具有区别。还有关于数量和社会地位的问题，南非的黑人在数量上占据多数，但其在社会中处于非支配地位，因此，在社会学意义上，南非黑人仍旧是少数人。

从主观特征而言，主要指其保持自身特征的主观愿望，以及对其群体的归属感。但过分强调主观特征容易导致一些群体以维护保持其归属感和维护其特征为名，要求国家和国际社会给予其特殊保护，从而造成国家和国际社会的负担，也有可能使国际社会以维护少数人权利为名，干涉其他国家的主权。

二、少数族群权利国际化的背景

少数族群权利国际化是在变化了的国际背景下发生的，即从第二次世界大战后的保护普遍性的人权到后冷战时期的保护少数族群权利。

少数族群权利国际化建立在以下假设的基础上：如何处理多数族群与少数族群的关系是一个国际化的法律问题，而不仅仅是国内事务。威尔逊于 1919 年曾说过，对于世界和平的最大威胁莫过于少数族群受到不公正待遇。这一说法夸大了少数族群问题的严重性，但毫无疑问，少数族群如果受到不公正待遇，确实会威胁到世界和平。第一次世界大战后族群关系的处理主要针对划错界的民族，如匈牙利发现他们有一部分民族成员在罗马尼亚，德意志发现他们有一部分民族成员在波兰，他们采取对等的策略，匈牙利人优待在其境内的罗马尼亚民族，德国人优待在其境内的波兰人，以便他们的民族在相应国家受到同等优待。然而，第二次世界大战时，这种方式被拒绝了。纳粹德国认为其征服波兰和捷克斯洛伐克是合理的，是因为后两个国家侵犯了在其领土上的德意志民族的权利。第二次世界大战后，对少数族群的权利的关注在国际社会中消失了。联合国保护普遍的人权，是 20 世纪的一个很大的进步。人权保护似乎反映了这样的事实，它保护了少数族群中的个体，但是没有保护他们的社会性文化，因此，并没有赋予少数族群集体行动的权利。但是，有一种看法很盛行，即为了保证民族国家安全和社会稳定，不惜以剥夺少数族群的权利，并且使这些人同化到主流社会为代价。苏东剧变后，国际社会一方面担忧种族暴力的扩张，另一方面对作为自由民主形式的多元文化主义寄予希望。少数族群权利问题重新进入国际视野。

金里卡认为，即便是支持自由的多元文化主义的西方人士也对自由的多元文化主义能否适用于其他地区心存疑虑。不少西方人士认为，欧洲的实践反映了其从自由的多元文化主义立场的撤退，这削弱了欧洲 20 世纪 90 年代初所取得的成果。

三、少数族群权利国际化的具体表现

金里卡认为，自由的多元文化主义的少数族群权利国际化表现为以下两个层面：

其一体现在知识对话层面。他指出，"关于多元文化主义的学术讨论呈现出全球扩散的趋势"①。关于容纳多样性的重要性的全球讨论正在非政府组织、学者、政策制定者之中兴起。近些年，国际组织举办学术研讨会，或刊发一些报告来推广多元文化主义的理想与实践。这些活动常常包括分享不同国家的最好实践，建立跨国家的专家或支持者团体，创立国家敏感话题的安全表达空间，训练地方教育者、非政府组织、媒介人士来面对多种族和多元文化的挑战等。

2010 年"多元文化主义比较的跨国与国际视角"（International Symposium：Comparative Multiculturalism from Transnational and Global Perspectives）研讨会讨论的前提即是多元文化主义正呈现出向全球扩散的趋势（法国除外）。该研讨会正是在承认这一前提的基础上，探讨多元文化主义在各国所面临的挑战。

我国国内也开始重视关于少数族群权利的国际保护的学术讨论。2008 年由中国社会科学院法学研究所与瑞士弗莱堡大学联邦研究所在北京召开的"《公民权利与政治权利国际公约》理论与实践——少数人权利保护"国际学术研讨会中，有几个专题涉及少数族群权利的国际保护。当然这主要是从法律角度进行的分析。该次会议分别从国际法和国内法的视角、保护少数族群权利国际标准的实施等角度进行探讨。

其二体现在国际准则编纂层面。金里卡指出，"特定国际法律或准法律标准的关于多元文化的国际准则编纂，体现在有关少数族群权利的

---

① Will Kymlicka, *Multicultural Odysseys：Navigating the New International Politics of Diversity*, Oxford：Oxford University Press, 2007, p.3.

宣言中。"① 关于这一点，我们可以从 1948—2001 年，有关少数族群权利保护的法律或准法律性质的文献中看出来。

联合国的文献有：1948 年通过的《防止与惩治灭绝种族罪公约》、《消除一切形式的种族歧视宣言》（1963）、《消除一切形式种族歧视国际公约》（1965）、《公民权利与政治权利国际公约》（1966）、《公民权利与政治权利国际公约任择议定书》（1966）、《经济、社会和文化权利国际公约》（1966）、《禁止并惩治种族隔离罪行国际公约》（1973）、《种族与种族偏见问题宣言》、《在民族或族裔、宗教和语言上属于少数群体的人的权利宣言》（1992）、人权事务委员会关于《公民权利和政治权利国际盟约》第 27 条的一般性述评（1994）、《反对种族主义、种族歧视、仇外以及相关的不容忍世界大会宣言及行动纲领》（2001）、《土著人权利宣言》（2007）。欧洲理事会的文献有《欧洲人权公约》（1950）以及分别于 1952 年、1963 年、1984 年、2000 年通过的第一、第四、第七、第十二任择议定书，《欧洲区域性或少数人语言宪章》（1992），《少数民族保护框架公约》（1994）。欧洲安全与合作会议文献有《关于人类向度的哥本哈根会议文件》（1990）、《少数民族专家日内瓦会议报告》（1991）等。

族群关系基金会的文献有：《关于少数民族教育权利的海牙建议书》（1996）、《关于少数民族语言权利的奥斯陆建议书》（1998）、《关于少数民族有效参与公共生活的德隆建议书》（1999）。

在国际准则中，土著的权利得到了最大程度的保护，对少数民族

---

① 　Will Kymlicka, *Multicultural Odysseys*: *Navigating the New International Politics of Diversity*, Oxford: Oxford University Press, 2007, p.4.

的权利则主要是消极保护，即保证不被歧视。关于移民和非公民定居者
则几乎没有涉及。

第二节　少数族群权利保护现状及国际化程度

金里卡分析了当前世界少数族群权利保护的现状，在此基础上，
分析普及自由的多元文化主义少数族群权利模式的可能性。

一、西方社会自由的多元文化主义的发展趋势

从西方自由的多元文化主义实施情况来看，有不少人认为，自由
的多元文化主义出现了撤退的趋势。自由的多元文化主义的撤退，主
要体现在移民问题上。穆斯林是西欧移民的主要组成部分，在法国、
西班牙、比利时、德国、荷兰等国家，穆斯林移民占到了移民总数的
80%以上，而在美国和加拿大，穆斯林移民占移民总数不到10%。自
从"9·11"事件以及之后的马德里和伦敦爆炸案后，西方国家对穆斯
林格外恐惧，因此在对待移民问题上，多元文化主义出现了一定程度的
后退。事实上，不仅西欧国家移民多元文化主义的态度不太乐观，在美
国，著名的政治学者亨廷顿也是反对移民多元文化主义的，他认为移民
多元文化主义影响到了美国的国家特性。与对穆斯林移民的担忧相比，
亨廷顿更加担心美国移民中的最大多数——以墨西哥移民为主的拉美裔
移民对国家特性的冲击。他主张对移民采取同化政策，而不是多元文化
主义政策。他为移民，尤其是墨西哥裔移民同化程度低而感到十分焦
虑。他设想如果墨西哥移民突然停止，则"美国分裂成西班牙语区和英

语区的可能性将不复存在，美国的文化统一和政治统一将不再受到潜在的重大威胁。想想这些，墨西哥问题的严重性就显而易见了"。① 这段话，足以反映他对墨西哥移民的排斥。

金里卡承认移民多元文化主义出现了撤退，但认为并不能得出"自由的多元文化主义在西方撤退"的结论。他通过分析西方自由民主国家处理国家与土著以及国家与少数族群关系的现状，得出这样的结论："自由的多元文化主义并没有全面撤退。对于少数民族和土著来说，对族裔文化多样性的公开承认和容纳并没有被撼动，少数族群的权利诉求不仅在国内民主社会中，而且在国际标准方面，都得到了确认和保护。"② 他指出，影响人们对多元文化主义态度的因素很重要的方面是个人和集体的安全感。"西方多元文化主义的实践表明，人们对多元文化主义的接受程度取决于个人和集体的安全感，当这些感觉被削弱的时候，多元文化主义就面临反冲或撤退。"③

他同时通过一些例子说明，即使在对待移民问题上从自由的多元文化主义立场撤退的国家，在土著和少数民族问题上，却更加强化了自由的多元文化主义。例如，英国从移民多元文化主义立场撤退了，但它赋予了其在威尔士和苏格兰的历史性民族更大的自治权；法国从移民多元文化主义立场上撤退了，但是强化了对其历史性少数民族语言的承认。

---

① ［美］塞缪尔·亨廷顿：《我们是谁：美国国家特性面临的挑战》，程克雄译，新华出版社 2005 年版，第 201 页。

② Will Kymlicka, *Multicultural Odysseys*：*Navigating the New International Politics of Diversity*, Oxford：Oxford University Press，2007，p.123.

③ Will Kymlicka, *Multicultural Odysseys*：*Navigating the New International Politics of Diversity*, Oxford：Oxford University Press，2007，p.128.

　　金里卡指出，"从多元文化主义的撤退"的论断，把部分多元文化主义政策的失败和多元文化主义的削弱相等同，而实际上，"有部分的多元文化政策削弱了，而更多的多元文化政策则合法化了"①。因此，从总体上来衡量，西方自由民主国家并没有从自由的多元文化主义的立场撤退，而是强化了这一立场。

　　二、"后共产主义国家"② 少数族群权利保护状况及国际化程度

　　金里卡认为，"后共产主义国家"在对待少数族群问题上，有着自己的探索。西方民主国家则希望在此地区普及自由的多元文化主义少数族群权利模式。

　　(一)"后共产主义国家"少数族群权利保护状况

　　金里卡认为，苏东剧变之后，"后共产主义国家"主要通过以下方式来保护少数族群权利：

　　其一，制度外自治。

　　"后共产主义国家"解体前存在的一些自治形式在某种程度上被废弃了。塞尔维亚废除了科索沃和伏伊伏丁那的自治，格鲁吉亚废除了阿伯拉茨和奥塞提的自治，阿塞拜疆废除了纳戈尔蒂—卡拉巴赫的自治。有其他案例表明，有些国家重新划定疆界，使得他们不希望自治的民族成为聚居区的多数。

　　在后共产主义唯一可以接受的自治形式是有些少数民族通过制度

---

① 　Will Kymlicka, *Multicultural Odysseys: Navigating the New International Politics of Diversity*, Oxford: Oxford University Press, 2007, p.128.

② 　"后共产主义国家"特指苏东剧变后的前苏联和东欧国家。

外方式攫取了政治权力，而这样的自治权是没有得到政府承认的。在这些情况下，对自治的承认事实上是通过军事干涉或可能的国内战争实现的。例如德涅斯特河附近的摩尔达维亚共和国、格鲁吉亚的阿布哈兹、克罗地亚的克拉伊纳、乌克兰的克里米亚。这样的自治方式缺乏合法性。

其二，民族文化自治。

俄罗斯在 1996 年采取了一种民族文化自治的形式。对于数量比较少或者居住比较分散的族群（这些族群不能在俄罗斯联邦的一个区域里形成多数），或者那些数量比较多但居住在其自治实体之外的民族成员，民族文化自治则是比较好的选择。

这种民族文化自治概念不同于西方的多民族联邦，它不包括地区自治；也不同于西方移民的多元文化模式，它包括一定程度的机构独立、自我管理和广泛的母语文化权利。

其三，有效参与。

有效参与的理念早在 1990 年的《哥本哈根宣言》中就已被表达过。事实上，当时对这一概念的表述是建立在地区自治基础上的。少数民族自治被看作是推动有效参与的良好助推器。而现今，有效参与的含义发生了很大变化。

金里卡认为，有效参与流行的原因，在于其模糊性，对有效参与重要性的同意隐藏着深度分歧。他指出，"从最低程度上来解读，有效参与仅仅意味着少数民族成员在政治投票过程中，不应受到歧视，有权利去辩护，去竞选职位。这种最低程度的解读推动了爱沙尼亚和拉脱维亚授予俄罗斯民族以公民权，尽管这两个区域的俄罗斯人语言表达并不流畅，但政府仍然让他们去投票，去竞选职位。从更有力的解读来看，有效参与不仅仅要求少数族群成员投票或竞选职位，而且他们要在议会中获得一定席位。例如，在波兰，德意志少数民族会选举代表到议会。"①

金里卡认为，这两种解读——集中体现于非歧视对待、政治权利与平等代表权的实现——都没有触及严重的种族冲突的核心。即使少数族群能不受歧视地参与政治生活，即使他们按人口的比例获得一定的代表席位，他们仍旧可能是民主过程的失败者。但从学理上讲，"有效参与"似乎可以把少数族群从永久的政治少数中排除，毕竟，"有效"参与意味着参与可以获得一定的效果，即参与可能改变结果。保证少数族群参与有效性的唯一途径是采用权力分享的规则。这是对有效参与最大意义的解读。

有效参与预设了这样的前提：它能够提供一套解决国家深层次问题的准则。它的意义不强（它预设了多民族国家的政府接受少数民族进行自治的主张），也不太弱（它预设了少数族群接受单一制和单一语言的国家）。

（二）"后共产主义国家"少数族群权利国际化程度

在 1989 年之前，西方国家对少数族群权利问题毫无兴趣，甚至还给拉丁美洲、亚洲、非洲等国家镇压少数民族提供武器。后来欧洲组织倡导在"后共产主义国家"推行自由的多元文化主义，金里卡分析了其中的原因，"第一个方面是出于人道主义的考虑，是为了停止少数民族

---

① Will Kymlicka, *Multicultural Odysseys: Navigating the New International Politics of Diversity*, Oxford: Oxford University Press, 2007, p.241.

所面临的迫害，比如种族清洗以及暴力行为。第二个方面是西方国家出于自身利益的考虑，因为种族冲突的增加将导致一大批难民的增加，他们将会流向西欧，像科索沃和波斯尼亚所发生的那样。还有，种族战争将会产生一系列非法行为的发生，比如走私武器和毒品，还有其他犯罪或极端的行为。还有一个原因，是对东欧后共产主义国家处理族群关系成熟与否的考验，看他们是否准备好重返欧洲"①。金里卡认为，欧洲组织主要采取了以下三种方式来处理后共产主义国家的族群关系："推广最优实践（best practice），制定最低标准，个案干预。"②

第一种策略是推广最优实践，这一实践主要针对少数民族和土著。这一策略把地区自治作为容纳本土少数族群的最优实践进行推广。

在西方，有两种不同类型的本土少数族群出现，每种族群都可以适用地区自治。第一种是新大陆的土著人（美国、加拿大和澳大利亚）以及北欧的土著人（丹麦的格陵兰人和斯堪的那维亚的萨米尔人）。第二种是少数民族，包括英国的苏格兰和威尔士人、西班牙的加泰罗尼亚人和巴斯克人、比利时的佛兰德人、加拿大的魁北克人、美国的波多黎各人、法国的科西嘉人、意大利南蒂罗尔的德意志人、瑞士的法兰西和意大利民族等。在西方的土著人和少数民族中，我们都看到了承认地区自治的倾向。西方国家通过地区自治和其他权利相结合，包括土地诉求、法律承认、授予官方语言地位，或其他的非地区性的文化自治，来保障本土少数族群及其成员的权利。

---

① Will Kymlicka, *Multicultural Odysseys：Navigating the New International Politics of Diversity*, Oxford：Oxford University Press, 2007, p.174.

② Will Kymlicka, *Multicultural Odysseys：Navigating the New International Politics of Diversity*, Oxford：Oxford University Press, 2007, p.174.

以欧盟为代表的欧洲组织试图在后共产主义国家的本土少数群体中推广地区自治。金里卡认为，"最优实践"在后共产主义国家并没有多大推进。"后共产主义国家对最优实践的推广及其标准化充耳不闻。"①

第二种策略是制定最低标准。对这一策略的支持突出体现在欧洲联盟和北大西洋公约组织把是否保护少数族群权利作为欧洲国家能否加入这些组织的条件。

1993 年欧洲安全与合作组织少数民族问题高级委员会的成立，欧洲议会 1995 年颁布的《保护少数民族框架公约》都体现了这一策略，欧盟和北大西洋公约组织没有相关的宣言和协议，但是明确表示支持欧安组织和欧洲议会的主张。在 20 世纪 90 年代初，欧洲有着强烈的愿望来制定原则性的标准，即泛欧洲标准。

金里卡认为第二个策略也失败了。它在长期目标和短期目标上都失败了。他对这一策略的实施效果做出了这样的评价，"把自由的多元文化主义的实践结合进来的长期目标失败了，而且在短期的防止和解决种族冲突问题方面也失败了，而这些种族冲突有可能造成社会不稳定。它没有服务好任何一个目标"②。

第三种策略是个案干预。欧洲组织在处理一些具体个案时，起到了积极作用。比如西方组织帮助草拟了波斯尼亚的代顿协议，创建了波斯尼亚的穆斯林、塞尔维亚人、克罗地亚人地区自治和权力分享的机制，并迫使执政党去接受它。但是这些个案并非建立在泛欧洲标准的基

---

① Will Kymlicka, *Multicultural Odysseys*：*Navigating the New International Politics of Diversity*, Oxford：Oxford University Press, 2007, p.180.

② Will Kymlicka, *Multicultural Odysseys*：*Navigating the New International Politics of Diversity*, Oxford：Oxford University Press, 2007, p.199.

础上，因此在不同的国家没有共性。这些个案干预并不是建立在普遍的标准上的，没有清楚的标准来解释，为什么欧洲组织授予一些群体官方语言地位和地区自治权，而不是其他群体。毫不奇怪，欧洲组织的个案干预在其专断、缺乏原则性、缺乏一致性的建议等方面受到了批评。

金里卡认为，"欧洲组织的个案干预不是出于自由的多元文化主义的逻辑，而是出于安全的考虑"①。

三、"后殖民国家"少数族群权利保护状况及国际化程度

金里卡为了论述的方便，用"后殖民国家"来概括非洲、亚洲和中东的国家，以区别于"后共产主义国家"和西方巩固的民主制国家及美国、澳大利亚等移民国家。

金里卡也承认，"后殖民国家"是一个不太确切的定义。这些地区的某些国家，如埃塞俄比亚、泰国和中国，在历史上并没有被殖民的经历。另外，这些地区以外的有些国家也是被殖民过的。但是，殖民的含义不同。亚洲、非洲、中东是在不同意义上被殖民的。历史上这些地区的人民，通过推翻欧洲国家，而不是欧洲殖民者自动退出，重新获得了统治权。

金里卡认为，"除了这种不严密，'后殖民'有助于抓住这些地方的核心特征"②。同样出于论述的方便，我们暂且采纳金里卡的这种提法，把亚洲、中东和非洲的国家称为"后殖民国家"。

---

① Will Kymlicka, *Multicultural Odysseys*: *Navigating the New International Politics of Diversity*, Oxford: Oxford University Press, 2007, p.233.

② Will Kymlicka, *Multicultural Odysseys*: *Navigating the New International Politics of Diversity*, Oxford: Oxford University Press, 2007, p.252.

事实上，在许多国家，少数族群自治是一个禁忌性的话题，有些国家法律规定禁止宣扬这些要求。在这种归纳中，有例外情况。最显著的是在拉丁美洲，因为该地区有接受"自由的多元文化主义"观念的基础，自由的多元文化主义在西班牙语国家中被广为接受，从军事独裁到民主的转化得到了制度上的承认，土著的自治权、土地诉求、习惯法得到官方承认。

金里卡对拉丁美洲的实践做出了这样的评价，"拉丁美洲的实践，意味着国际社会普及自由的多元文化主义的努力在地区层面得到了回应。毫无疑问，拉丁美洲是西方民主的支持者"①。

但对于"少数族群权利应该被看作民主化的一部分"的观念在亚洲、非洲和中东并没被广泛接受。

接下来将以亚洲为例进行分析。

金里卡对亚洲的土著、少数民族、移民群体的权利保护现状进行了分析。

土著（indigenous）：金里卡以西方国家的土著为参照来分析亚洲土著，"像在西方一样，在亚洲土著和亚洲国家少数民族之间的界限是不清楚的或者说是不精确的。两者之间相互区分的一个重要特征，是该群体在国家形成过程中所起作用的大小程度。在欧洲范围内，萨米尔人被视为土著而加泰罗尼亚人则没有，其原因在于后者在西班牙形成过程中，参与了竞争，而萨米尔人则与瑞典国家的形成过程相隔绝"②。

---

① Will Kymlicka, *Multicultural Odysseys：Navigating the New International Politics of Diversity*, Oxford：Oxford University Press, 2007, p.250.

② Will Kymlicka and Baogang He eds, *Multiculturalism in Asia*, Oxford：Oxford University Press, 2005, p.48.

金里卡倾向于把亚洲的一些少数族群界定为土著。他认为日本的阿伊努人、印度尼西亚的迪雅克人以及孟加拉国的吉大港山地部落都能被称为土著。因为他们的土地被殖民化的方式类似于斯堪的纳维亚的萨米尔人或者加拿大的因纽特人的土地被殖民化的方式，并且都基于相似的理由被合理化。今天，他们的要求也是相似的，包括保护传统土地、语言权利以及政治代表权。金里卡指出，"因此，许多所谓的'山地部落'在国际组织和支持者所创建网站的鼓励下甚至开始采用国际'土著'语言就不奇怪了。"①

金里卡肯定了印度对待土著的方式，印度具有关系到自治和土地所有制的进步法律，印度已经采取了类似于多民族联邦制的制度，承认较小土著或山地部落领土自治的要求。但他对亚洲大多数国家对待土著的方式表现出悲观的态度。他认为亚洲大多数国家的土著的土地权利得不到或很少得到法律的保护，他通过一些实例来表明他的这一态度。"有一些国家还单方面宣布土著的土地为国家森林或国家公园，并且禁止土著在所谓的'国家土地'上从事他们的传统实践活动。在泰国、印度尼西亚和马来西亚，对土著实行同化政策。印度尼西亚的土著被迫皈依伊斯兰教。"②

少数民族（national minorities）。金里卡认为，在亚洲，有一些少数民族，比如缅甸的克伦民族和掸民族、阿富汗和巴基斯坦的俾路支民族、印度尼西亚的亚齐民族、菲律宾的摩洛族人以及斯里兰卡的泰米尔

---

① Will Kymlicka and Baogang He eds, *Multiculturalism in Asia*, Oxford: Oxford University Press, 2005, p.47.

② Will Kymlicka and Baogang He eds, *Multiculturalism in Asia*, Oxford: Oxford University Press, 2005, p.50.

人等都要求更多的自治权。而这些少数民族和西方民主国家的少数民族具有相似性。他指出，"这些少数族群的民族主义和西方民主国家中的民族主义（如魁北克人、佛兰德人、苏格兰人或加泰罗尼亚人）之间有极为相似之处。在这两种背景下，这些群体都在努力寻找某种形式的地区自治；在这两种背景下，这种鼓动往往都是因多数人的民族组织造成的威胁而发起和加强的（例如，将僧伽罗语言强加给斯里兰卡的泰米尔人）；在这两种背景下，对自治的要求都是由主流民族的民族国家建构引起或强化的"①。

金里卡认为，除了印度比较充分地保障了少数民族的自治权外，亚洲东部和南部对少数民族的地区自治持非常强烈的排斥或拒绝态度，大多数亚洲国家对少数民族的民族主义运动实施镇压。他分析了亚洲国家对待少数民族态度的实质，"确切地说，亚洲国家通常采用的镇压少数民族民族主义的工具正是西方国家在历史上曾经采用过的。这包括迁居政策，目的是使少数民族在其历史本土上陷入优势群体迁居者的统治。通过权力的集中或者疆界的重新划定，少数民族传统的自治权也被剥夺了。如同在西方，这种对少数民族权利的剥夺现象经常发生，甚至在那些已经许诺尊重少数民族自治的地方。我们还可发现压制语言的例子等"②。

非公民定居者（metics）。金里卡认为非公民定居者在亚洲的最突出例子是日本的朝鲜人，他们在第二次世界大战后被剥夺了公民权；还

---

① Will Kymlicka and Baogang He eds, *Multiculturalism in Asia*, Oxford：Oxford University Press，2005，p.37.
② Will Kymlicka and Baogang He eds, *Multiculturalism in Asia*, Oxford：Oxford University Press，2005，p.38.

有斯里兰卡的泰米尔人也被剥夺了公民权。还有一些长期定居在马来西亚和印度尼西亚的华人也不拥有公民权等。另外，金里卡还谈到了近几年的移民。"我提到的所有外侨群体都是存在已久的群体，它们通常都是在殖民统治时期到来的。但是也有很多新近为各种临时工作计划招来的工人移民群体，尤其是在'亚洲小龙'经济体中，如新加坡、香港。在这些例子中，亚洲国家一直固执地拒绝授予他们永久居住权或公民权。此外，亚洲国家——不像西欧国家——拒绝'外籍工人'携带家属，这使他们几乎没有永久居留的可能性。在这方面，亚洲国家确实正在'学习'欧洲经验，但他们得到的经验却是如何阻止新的非公民定居者获取公民权利和推动多元文化主义。"① 这种评价没有考虑到东亚或东南亚国家的价值观念，没有考虑到外籍劳工的实际需要和利益，也没有考虑到劳工输出者国家的经济发展的需要。关于这一点，将在第四章详细论述。

关于亚洲少数族群权利国际化的状况，金里卡做出了这样的评价："人们认识到全球争论和对话没有完全考虑到某些地区的特殊性，人们还认识到，重要的是建立一个可选择的、补充性的地区机制以满足他们自身的需要。然而，迄今为止我们未曾在亚洲（或中东）看到类似情况的出现。结果，亚洲国家继续被他们几乎没有参与制定、因此也许不适合他们的标准评价。"② 这一点批评是中肯的，在亚洲确实缺少地区性的机制来保护少数族群权利，这也是亚洲国家今后应当努力的方向。

---

① Will Kymlicka and Baogang He eds, *Multiculturalism in Asia*, Oxford: Oxford University Press, 2005, p.53.

② Will Kymlicka and Baogang He eds, *Multiculturalism in Asia*, Oxford: Oxford University Press, 2005, p.55.

第三节 自由的多元文化主义少数族群权利
模式全球推广的可能性分析

金里卡针对当前国际社会致力于把西方自由的多元文化主义少数族群权利模式输出到"后共产主义国家"和"后殖民国家"的趋势，提出了证明这种趋势是否具有合理性的四个假设，但他又认为其中的一些假设有现实实现的困难，从而对自由的多元文化主义少数族群权利模式在"后共产主义国家"和"后殖民国家"的适用性提出了质疑。

金里卡认为，自由的多元文化主义模式要想在"后共产主义国家"和"后殖民国家"取得胜利，依赖于以下四个假设：第一，西方国家在处理国家—少数族群关系时，有一些普遍的标准和模式；第二，这些标准或模式在西方运作良好；第三，这些标准和模式对"后共产主义国家"和"后殖民国家"是适用的，而且一经采纳，将会有效运作；第四，国际社会在促进或施行这些标准时应起到合法性的作用。①

金里卡对这四个假设分别进行了分析。为了行文的方便，在标题中，"西方模式"即指代自由的多元文化主义少数族群权利模式。

---

① Will Kymlicka, Multiculturalism and Minority Rights: West and East, *Journal of Ethnopolitics and Minority Issues in Europe* (JEMIE), issue 4 (2002), p. 1.

一、金里卡对西方模式的分析

金里卡通过分析西方自由民主国家处理族群关系的变化趋势，阐述了西方国家处理少数族群与国家关系问题上的标准或模式。

金里卡通过分析加拿大的魁北克、英国的苏格兰和威尔士、西班牙的加泰罗尼亚和巴斯克、比利时的佛兰德、意大利南蒂罗尔讲德语者，美国的波多黎各等少数民族的民族主义运动，认为西方国家对待这些少数民族的方式，呈现出如下变化趋势：从武力镇压到融通（accommodation），融通是通过地区自治和赋予少数民族官方语言权利而实现的。

他通过分析包括加拿大的印第安人、因纽特人、澳大利亚土著人、新西兰毛利人、斯堪的纳维亚的萨摩斯人、格陵兰岛上的因纽特人、美国的印第安部落等，得出如下结论：在如何对待土著人的问题上，西方国家至少在原则上接受这样的思想：土著社会将会在不确定的未来作为独特的社会而存在于更大的社会之中，他们应当有土地要求、文化要求（包括对习惯法的承认）以及保证其作为独特社会的自治权。

另外，在历史上，西方国家在对待移民、客工、难民、非洲裔美国人等群体的问题上大多采用同化措施，是排外主义的。而在今天，大多采取承认和容纳多样性的"多元文化"的措施，是兼容并蓄的。

金里卡认为，以下五方面，是西方标准或模式赖以存在的原因："不断增长的权利意识、人口统计的变化（即少数族群的人口在增加）、安全政治动员的多重途径（建立在民主政治发展基础上），这些因素解释了为什么少数族群对多元文化主义越来越自信；种族问题的去安全化以及在人权问题上的共识，则降低了掌握国家权力的民族在接受少数族群在权利诉求方面所面临的风险。"① 而当这五方面的因素都具备时，一个国家不管存在不存在拥有特殊魅力的领袖、特定的政党、特定的选举制度，多元文化主义的趋势都不可避免。

二、金里卡对西方模式的评价

金里卡对自由的多元文化主义少数族群权利模式的评价，体现在很多方面，我们集中在对多民族联邦制的评价上，因为它与"后共产主义国家"和"后殖民国家"最为相关，也最有争议。

他认为，不能轻言多民族联邦制成功。比如，西班牙和比利时，是最近几年才实行这样的制度的。不能靠一种制度仅仅运作几年的经验来评价该制度的好坏。他认为：多民族联邦制在一些方面是成功的，而在另一些方面则是失败的。

多民族联邦制在以下方面是成功的：促进和平和个人安全、推动民主、保护个人权利、促进经济繁荣、增进群体间的平等。

但在以下方面，是不太成功的，第一方面，多民族联邦制不能很有效地促进族群间的交流。从乐观的方面看，很多多数族群的公民忽视或漠视国内少数族群的生活。反之亦然。更糟糕的情况是，不同族群间存在一定程度的愤恨和不满。许多人避免族群间的接触。即使接触，也简化为讨价还价和谈判的原始形式，而不是深层次的文化共享和普遍共识。

国家越来越公正、越来越具有包容性和调节能力，而国家内部的

---

① Will Kymlicka, Multicultural Odysseys: *Navigating the New International Politics of Diversity*, Oxford: Oxford University Press, 2007, p.122.

族群关系却依然有分歧和紧张。

第二方面，也是最重要的，多民族联邦制并没有把分离主义从政治议程上取消。即使多民族联邦制降低了分离的可能性，但并没有把分离主义彻底从政治议程上取消。分离主义者出现在电视上、报纸上和选举政治中。分离主义政党在选举中经常受到强有力的支持。"即使在成功包容了少数民族的联邦制度中，它们的成功也仅仅是使分离主义的情感合法化，同时又减弱了这种情感。"①

金里卡认为，尽管人们对多民族联邦制的感情是复杂的，但对于自由民主国家而言，这恐怕是最好的，或者是唯一的解决民族主义问题的方式。

三、金里卡对西方模式在非西方国家实施状况及原因的分析

金里卡认为，西方国家和国际组织所推动的自由多元文化主义在大多数"后殖民国家"和"后共产主义国家"失败了。

对这一问题的分析，以少数族群的自治权为例。如前所述，金里卡认为土著和少数民族都应当被赋予自治权。而在后殖民和后共产主义国家，这种要求却显然不受欢迎。金里卡在驳斥两种反对意见的基础上，分析了导致这一现状的原因。

（一）金里卡对现存反对意见的驳斥
第一种反对意见认为西方的族群生活在同质化的地区，而"后共

---

① 金里卡：《少数的权利：民族主义、多元文化主义和公民》，邓红风译，上海译文出版社2005年版，第96页。

产主义国家"和"后殖民国家"的族群，居住却比较分散，因此对西方有用的解决方式对"后殖民主义国家"或"后共产主义国家"则是不适用的。金里卡认为这种归纳欠妥当，事实上，少数族群聚居的程度在许多"后共产主义国家"和"后殖民国家"都与西方国家没什么差别。

另一种反对意见的解释是，"后共产主义国家"和"后殖民国家"之所以反对授予少数族群以自治权是因为保护该项权利需要财力上的大量投入，富裕的西方国家可以提供这些费用，而相对贫穷的"后共产主义国家"和"后殖民国家"则不能。金里卡认为"后共产主义国家"和"后殖民国家"并没有贫穷到无法支付维持少数族群自治权所需要费用的程度。

那么，究竟什么才是"后共产主义国家"和"后殖民国家"拒绝赋予少数族群自治权的真正原因呢？为什么这些国家的人们对自治权的诉求做出了与西方截然相反的反应呢？

（二）金里卡对"后共产主义国家"和"后殖民国家"反对西方模式的解释

金里卡认为自由的多元文化主义少数族群权利模式之所以在后共产主义和后殖民国家遭到反对，是因为这些国家缺乏该模式所需要的前提条件。

其一，缺乏人权保证。

金里卡认为在"后共产主义国家"和"后殖民国家"，人权几乎没有保证。接受自治的少数民族不会在人权的框架内践行他们的权利。他们也许会利用他们的权利创立地方专制的孤岛，建立原教旨主义以及宗教不宽容的权威王国。在有效的人权框架和政治文化缺席的情况下，外来者也许会被剥夺财产，剥夺工作权利，剥夺居住权利，甚至被驱逐或被杀害。简言之，自治的运行威胁到人的生命权。对于内部成员来说，自治权力的下放可能意味着族群内部人权的滥用，比如对性别平等的践踏。这与金里卡支持"外部保护"，反对"内部限制"的立场是相对的。

其二，出于地区安全化的考虑。

金里卡认为，在"后共产主义国家"和"后殖民国家"，种族政治不像西方自由民主国家那样，是去安全化的。"在大多数后共产主义世界，国家—民族关系被认为是高度安全化的。"① 少数民族被视为潜在的第五纵队或相邻的外国势力的勾结者，这些少数民族的自治被视为对国家安全的威胁。他们可能对社会稳定造成威胁，甚至进行武装起义。

印度的克什米尔或穆斯林就是这样，斯里兰卡的泰米尔人、阿富汗的乌兹别克、巴基斯坦和孟加拉国的印度少数民族、泰国的马来西亚人、越南的华人、伊朗和以色列的阿拉伯少数民族、埃塞俄比亚的索马里人，这些民族被认为可能回到他们的"母国"。中东的库尔德人，分散在伊朗、伊拉克、巴基斯坦、叙利亚，期望成立独立的国家；俾路支人，被阿富汗和巴基斯坦分开，期望成立独立国家，非洲这样的民族更多，如埃维人（居住于加纳、多哥境内和达荷美边境的黑人种族）、柏柏尔人，被马里、尼日尔和尼日利亚分割。

有些少数族群被认为与国际上的穆斯林组织联结在一起，如印度的穆斯林少数族群（克什米尔）、菲律宾的棉兰岛、埃塞俄比亚的索马里。

---

① 　Will Kymlicka，Multicultural Odysseys：*Navigating the New International Politics of Diversity*，Oxford：Oxford University Press，2007，p.256.

在谈到东亚和东南亚拒绝其非公民定居者享有公民权的原因时，金里卡认为很大部分原因是出于安全的考虑。"在文莱的华人仍然被拒绝享有公民身份。在柬埔寨的越南人的公民身份也仍然存在争议。这些情况被证明较难解决的一个原因还是因为安全恐惧的存在，也就是说，非公民定居者被视为邻国潜在的第五纵队。还有一些非公民定居者，尤其是华人，也许是由于殖民时代的特权地位，拥有不应该获得的财富。因此对其政治权利的否定被看作是对其极端的经济力量的平衡。"①

"后共产主义国家"许多少数民族成员是领土收复主义者。这同西方国家的情况非常不同。西方国家中不存在与其少数民族有种族和宗教亲缘关系的邻国。与之不同，"后共产主义国家"则有宗教与种族上有亲缘关系的邻国，甚至在边界重新划分之前，这些少数民族是其母国（kin-state）的一部分。在这样的情况下，问题不仅仅在于少数民族要加入或重新加入邻国，而且可能存在其母国要通过政治甚至武力干涉来保护"它们的"少数民族的利益。一个这种"三元"关系的典型例子是匈牙利民族、在罗马尼亚和斯洛伐克的匈牙利少数民族以及他们各自所在的国家。同样地，可能遭受少数民族母国干预的担忧存在于波斯尼亚和克罗地亚的塞尔维亚民族，马其顿和科索沃的阿尔巴尼亚民族，克里米亚、波罗的海和哈萨克的俄罗斯民族，乌克兰的罗马尼亚民族。②

---

① Will Kymlicka and Baogang He eds, *Multiculturalism in Asia*, Oxford：Oxford University Press，2005，p.53.

② Will Kymlicka, Nation-Building and Minority Rights：Comparing East and West, *Journal of Ethnic and Migration Studies* Vol. 26，No.2 (2000)，p.201.

由此可见，多民族联邦制不适用于"后共产主义国家"和"后殖民国家"。

在所有的这些情形下，少数民族因其与外界相勾结，而被视为国家的威胁力量，这些情况在国家弱小，或地区安全组织不存在，或不能充分发挥作用的情况下存在。

其三，对国际社会的不信任。

毫无疑问，"后共产主义国家"很憎恨家长制作风，也反感西方社会把保护少数族群权利的状况作为其重返欧洲组织的前提。但事实上，"后共产主义国家"寻求欧盟和北大西洋公约组织的承认，认为这可以保证他们的稳定和安全。

但是在"后殖民国家"，人们并不相信国际社会会保护西方国家以外的国家的安全和稳定。相反，广泛流传的看法是，人们认为少数族群权利的国际化仅仅是为了特定国家的稳定，金里卡举例说明了这一点，"例如，中国的许多知识分子认为，关于少数民族权利的国际讨论，实质上是 CIA 的阴谋，西方社会试图鼓动其两个最重要的少数民族的分裂运动，包括西南的西藏和西北的维吾尔，从而分裂中国。另外一个阴谋理论也非常流行，在阿拉伯和穆斯林世界，他们认为关于少数族群的国际讨论是为了削弱伊拉克、伊朗、埃及、叙利亚、巴基斯坦、印度尼西亚，在他们不同的群体中煽动分裂和叛乱。"① 少数族群权利国际化被特定国家认为是阴谋和双重标准。金里卡认为这是这些国家对国际社会不信任的体现。而真实的情况是，这是对西方社会掩盖在人权外表下的

---

① Will Kymlicka, *Multicultural Odysseys*: *Navigating the New International Politics of Diversity*, Oxford: Oxford University Press, 2007, p.258.

真实面孔的揭露。

换言之，"后殖民国家"不仅害怕相邻的敌人把少数族群权利作为制造不稳定的工具，而且害怕西方社会会利用这些标准。"后共产主义国家"有第一重担忧，但是他们本身希望成为西方社会的一员，所以并没有第二方面的担忧。

考虑到少数族群权利的现状，试图说服非西方国家接受自由多元文化主义的价值是徒劳的。

这三个因素解释了"后殖民国家"和"后共产主义国家"中的精英和统治集团对自由的多元文化主义抵制的原因。一些推动少数族群权利在西方合法化的因素在世界上其他国家并不存在。

其四，殖民的种族等级制遗害。

历史上，殖民者因为害怕多数民族的反抗会在殖民地培育少数民族，比如，斯里兰卡的泰米尔人，他们曾被英国殖民者授予凌驾于僧伽罗多数人的特权。

由于这样的历史原因，殖民结束后，多数民族觉得他们是历史的受害者，而不是少数民族。因此，同西方不同，他们认为应当削弱，而不是加强少数族群的特权。所以，斯里兰卡独立后，僧伽罗人要求减少泰米尔人的权利，结果引起了国内战争。

在这些国家，多数族群成为遭受不公正待遇者。

其五，多数民族的缺乏。

从人口统计的角度来看，在许多后殖民国家，没有多数民族。比如许多非洲国家，没有一个种族群体超过人口的20%—30%。金里卡指出，"如果没有一个群体可以掌握国家权力，并把其作为普及特定语言、文化、认同的工具。那么，少数族群并不需要特别的保护来抵御这样的危险。"①

其六，知识分子和政治家认识的影响。

在"后共产主义国家"和"后殖民国家"，许多知识分子和政治家对少数族群以自由民主的标准来实行地区自治是持悲观态度的，但是对民族主义终将消失则持乐观态度。相反，西方公共意见则对少数民族自治持乐观态度。而对少数民族将会随着现代化、民主化和全球化的发展而消失则持悲观态度。

西方自由民主国家对分离运动的容忍，是因为他们认为少数民族即使分离，也将会成为国家的朋友，而不是敌人，他们将会以与人权和自由民主相一致的方式进行统治。而"后共产主义国家"和"后殖民国家"的看法正好相反。

金里卡认为，西方自由的多元文化主义少数族群权利模式对"后共产主义国家"和"后殖民国家"并非没有借鉴意义。但是，在这些国家中，有三类族群，在西方找不到与其相似的族群，也没有相应的族群关系处理方式。

其一为罗马吉普赛人。罗马吉普赛人不像移民，也不像少数民族，因为他们的家园无处不在，而又无处可居。美国政府尚未为保护黑人权利提供切实可行的措施，况且即使提供了切实可行的保护措施，美国黑人的情况与罗马吉普赛人也是迥然不同的。奴隶制结束后，黑人具有完善的社会制度，并且具有现代化的社会机构。而这是罗马吉普赛人所欠缺的。

---

① Will Kymlicka, *Multicultural Odysseys*：*Navigating the New International Politics of Diversity*, Oxford：Oxford University Press, 2007, p.263.

其二为身处俄罗斯领土之外的俄罗斯人。这部分俄罗斯人甚至被他们所居住的国家的一部分人视为非法定居者，比如拉脱维亚和爱沙尼亚的一些民族主义者就表达过这样的观点，在赢得独立后，他们拒绝承认后冷战时期在其地域内的俄罗斯人的公民身份。俄罗斯民族则强烈拒绝给他们贴上非法移民的标签，因为他们的移民不仅在苏维埃法律上具有合法地位，而且在国际法上也具有合法地位。

其三为克里米亚的鞑靼人。鞑靼人被贴上"土著"的标签，但事实上，他们更接近于少数民族。他们所面临的问题是，如何处理从被驱逐到回归所面临的问题，如何在历史不公正待遇中得到补偿。在西方，没有任何理论和实践来回答这些问题。

四、金里卡对国际社会在普及西方模式中所发挥作用的分析

要想使自由的多元文化主义少数族群权利模式输出到"后共产主义国家"和"后殖民国家"，必须借助于一定的外力。现在，国际社会确实越来越多地介入到少数族群权利的保护当中，但毋庸置疑的是，国际社会在处理少数族群问题时存在诸多矛盾。

金里卡认为，国际社会在普及自由的多元文化主义少数族群权利模式方面，主要存在以下两方面的问题：

（一）少数民族、土著概念的含混性及二者权利国际保护程度的差异

国际劳工组织大会第七十六届会议于 1989 年通过的《关于独立国家土著和部落民族的公约》中对土著有这样的界定：其一，土著人是独立国家的部落民族，其社会、文化和经济状况使他们有别于其国家的其他群体，他们的地位系全部或部分地由他们本身的习俗或传统

或以专门的法律或规章加以确定；其二，独立国家的民族，因其作为在其所属国家或该国所属某一地区被征服或被殖民化时，或在其目前的国界被确定时，即已居住在那里的人口之后裔而被视为土著，并且无论其法律地位如何，他们仍部分或全部地保留了本民族的社会、经济、文化和政治制度。联合国在 2007 年通过了《土著民族权利宣言》，这一宣言对土著并没有作出很明确的界定，其权利的主体包括土著群体和个体。①

金里卡指出，国际社会划分少数民族和土著的标准通常是根据其在国家创建过程中所发挥的作用、脆弱程度、现在的生产和居住方式以及权利诉求来划分的：

"'少数民族'和'土著'概念比较含混。简单概括，'土著'这个概念是从新世界定居者那里提出的，是指那些欧洲殖民者还没来到时就已经居住在这里的人们。联合国关于土著人最早的解决方式集中于拉丁美洲的'印第安人'，而相反，国内少数民族，是指民族——国家创建过程中，没有成立独立国家的民族。主要在欧洲。"②

还有另外的解释："欧洲殖民者对土著人的征服和兼并比起邻国社会对少数民族的征服和兼并来说，更加残酷和具有破坏性，这使得土著

---

①　全世界土著人共有 3.7 亿人。联大以 143 票赞成、4 票反对、11 票弃权通过了这项宣言。投反对的四个国家分别是澳大利亚、加拿大、新西兰、美国，这四国都拥有相当多的土著人口。这四个国家表示这项宣言与他们本国的法律相抵触。加拿大的土著人口为 130 万人，其总人口为 3270 万人。事实上，由于大多数土著人都在北美，所以事实上这一宣言基本上没产生效力。澳大利亚政府在 2009 年改变立场，表示同意接受这一宣言。这成为《土著民族权利宣言》真正贯彻的转机。

②　Will Kymlicka, *Multicultural Odysseys*：*Navigating the New International Politics of Diversity*, Oxford：Oxford University Press，2007，p. 266.

更加弱小和易受攻击。"①

还有一种说法，"在土著和少数民族之间存在'文明化'程度的不同。少数民族和邻国的欧洲人一样分享着现代（城市的、工业化的）经济和社会政治结构，而土著则被认为保持着前现代的生产方式，保存着农业、狩猎或采集的生活方式。因此，土著人经常与封闭、遥远的地方相联系"②。

根据主观特征来看，"其一，少数民族寻求机构完整，而土著则寻求机构分立；其二，少数民族寻求个体权利，而土著则寻求集体权利；其三，少数民族寻求非歧视，土著则寻求自治"③。

金里卡并不赞同这样的区分界定，他坚决维护西方民主国家的做法，即赋予少数民族和土著同样的权利。他批评了当前国际社会对土著和少数民族的划分方式以及与此相应的对待方式。他认为，这两个群体拥有同样的权利诉求，他们的权利诉求具有同样的合理性和合法性。从脆弱程度看，有的少数民族比土著受到的伤害更大、更加脆弱。金里卡提到，有一些少数族群，例如库尔德、泰米尔、巴勒斯坦、车臣等，他们的境况比土著的境况更差，不应该遭到国际社会的忽视。金里卡把西藏问题和巴勒斯坦问题相提并论，反映了他和其他西方学者一样在西藏问题上存在偏见。西藏问题和库尔德、巴勒斯坦和车臣问题有着本质的不同。

---

① Will Kymlicka, *Multicultural Odysseys*：*Navigating the New International Politics of Diversity*, Oxford：Oxford University Press, 2007, p. 267.

② Will Kymlicka, *Multicultural Odysseys*：*Navigating the New International Politics of Diversity*, Oxford：Oxford University Press, 2007, p. 267.

③ Will Kymlicka, *Multicultural Odysseys*：*Navigating the New International Politics of Diversity*, Oxford：Oxford University Press, 2007, p. 275.

另外，按照世界银行的标准，把土著人界定为处于市场经济之外的人，例如靠采集和狩猎为生、游离于贸易或劳动力市场之外者。金里卡指出这样划分的缺陷，以居住是否偏远、是否进行贸易以及是否存在劳动力市场来界定土著，容易把新大陆规模最大并且在政治上很有影响力的土著民族排除在外。按照联合国的标准，土著主要是针对新大陆的族群（博茨瓦那除外），亚洲和欧洲没有土著人。然而，在殖民统治时代，针对殖民者而言，所有的故土少数民族都可被称为"原住民"或"土著民族"，从这一意义上而言，所有"后殖民国家"的族群（包括少数族群和多数族群）都可以被称为"土著民族"。事实上，很多亚洲和非洲的民族（包括多数群体和少数群体）都声称自己是土著。"如果少数民族把他们自己重新界定为土著的活动继续下去，将会使土著权利国际保护体系崩溃。像我们所看到的那样，国际组织反复地重复并且旗帜鲜明地反对把自治权赋予那些强大的少数民族。他们不允许他们获得自治权，仅仅因为他们把自己视为土著人。"①

金里卡指出："试图在土著民族和少数民族之间进行严格区分以及把少数民族和新少数群体视为同一个种类，容易产生一系列困难问题：（a）道德上的矛盾；（b）概念上的混乱；（c）政治动力（political dynamics）的不稳定。"②

在《超越土著／少数民族二分法？》③一文中，金里卡认为很多国家

---

① Will Kymlicka, *Multicultural Odysseys: Navigating the New International Politics of Diversity*, Oxford: Oxford University Press, 2007, p. 287.

② ［加］威尔·金里卡：《少数群体权利的国际化》，张慧卿、高景柱译，《政治思想史》2010年第2期。

③ 原文标题为"Beyond the Indigenous/Minority Dichotomy?"，是金里卡先生发给笔者的电子文稿。

支持《联合国土著民族权利宣言》是因为他们认为这一宣言的通过，意味着土著民族有更高程度的自治权，而这可能成为赋予亚国家少数民族更大程度上的自治权的一个开端。很多评论者也是这样认为的，而金里卡则认为，这一估计事实上过于乐观。他通过很多事实说明，给予土著的支持，可能意味着对少数民族更大程度上的敌视。

正如金里卡在《少数族群权利的国际化》①一文中所分析的："在处理土著问题时，国际法通常采取'融通'（accommodation）政策；在处理少数民族问题时，则采取'整合'（integration）政策。"② 但这里的"土著"（indigenous）和少数民族（minorities）的含义有很多歧异，无法反映现实世界中少数族群的真实存在状况。西方土著和少数民族权利保护的国际化程度并不相同。土著居民的土地要求、习惯法和自治要求都被编入国际法文件中，例如在联合国和美洲国家组织草案中的体现。国际法反映了西方民主国家在容纳土著方面的最新实践成果。然而，在体现少数民族的最新实践方面，国际法却明显滞后。譬如，他们只承认少数民族母语的初级教育权，而没有国际文件承认少数民族的地区自治和母语的官方语言地位。

（二）国际准则和实践的矛盾

国际社会在处理少数族群问题时，并不完全遵循国际准则。很

---

① 原译名为《少数群体权利的国际化》，鉴于第二章提到的，金里卡认为族群差异权利的主体不仅包括群体，也包括个体，还包括某一群体里一定数量的人。所以"少数群体"一词不能反映金里卡的本意，"少数族群"的译法更恰当。

② Will Kymlicka（2008）"The Internationalization of Minority Rights"，*ICON*：*International Journal of Constitutional Law*，Vol. 6，No.1（2008），p.1.

多时候，国际社会对少数族群问题的处理，特别是处理本土少数民族（homeland minority）问题时，对于诉诸武力和顽强抵抗的族群，通常支持其自治行动；而对于力量薄弱，不具有斗争力的族群，则往往不支持其自治行动。国际社会在处理少数族群问题时，具有任意性，从而降低了自身在处理该类问题上的合法性与权威性。

　　如前所述，金里卡在分析欧洲组织对少数族群权利诉求的个案干预时，也指出了这一点。欧洲组织在解决后共产主义国家的本土少数族群问题时，远远超出了《保护少数民族权利框架公约》（FCNM）的规定，因为他们认识到，FCNM 在解决种族冲突时，发挥不了太大作用。事实上，出于地区安全的考虑，欧洲组织在豁免一些国家，使其不受 FCNM 要求的约束。比如，在保加利亚，现存的制度是违背FCNM 的规定的，因为他们否认少数民族的存在并且禁止种族性政党。但在保加利亚的土耳其民族并没有表现出太大的倔强性。在巴尔干地区，保加利亚常常被认为是积极的力量，因为其种族冲突较小。欧洲组织决定听之任之，并不强迫保加利亚遵守 FCNM 标准。欧洲联盟和北大西洋公约组织在无视少数族群权利的基础上存活和繁荣了很多年。欧洲安全与合作组织（下文简称"欧安组织"）支持一些国家的自治，包括俄罗斯（克里米亚）、摩尔多瓦、阿塞拜疆（Ngormo-Karabakh）、塞尔维亚（科索沃）。欧安组织认为他们是例外的和非典型的。他们的特殊之处在于，这些民族是通过非法律化和非制度化的途径来获得权利的。相反，对有些少数民族在法律范围内通过和平和民主方式寻求地区自治，欧安组织却是反对的，因为它会引起紧张状态。

　　这事实上导致道德上的悖论，金里卡分析了这一悖论，"安全化路径鼓励了国家的强硬态度和少数民族的好斗性"①。"它同样刺激少数民族使用暴力威胁或攫取权力，因为只有这样，它的痛苦才能得到国际安全组织的注意。"②

事实上，国际层面的组织，比如联合国大会，在个案干预中，存在着同样的问题。"联合国预设了这样的准则，少数民族只寻求整合（而且仅仅有获得整合的资格），少数民族被归属于新少数族群一类。然而在解决实际的个案冲突时，联合国却抛开这种预设，承认融通（accommodation）代替整合（integration）的必要性，并促进融通模式及其最好实践的普及。"③ 国际组织在个案干预中，凸显了这样的问题，金里卡揭示了问题的根由，"为什么联合国支持印度尼西亚少数民族的自治而不是巴基斯坦少数民族的自治？为什么联合国支持伊拉克库尔德人的自治，而不支持伊朗库尔德人的自治？从最好的方面而言，这些建议是专断的，而且从最糟糕的方面而言，它们是对好战的奖赏。对联合国支持一些少数民族自治而不支持另外一些少数民族自治的显而易见的解释是：前者拿起武器并进行武力斗争"④。

由此可见，金里卡承认西方民主国家在处理国家与少数族群关系时有一些普遍的模式，即自由的多元文化主义少数族群权利模式；但是

---

① Will Kymlicka, *Multicultural Odysseys：Navigating the New International Politics of Diversity*, Oxford：Oxford University Press, 2007, p.236.

② Will Kymlicka, *Multicultural Odysseys：Navigating the New International Politics of Diversity*, Oxford：Oxford University Press, 2007, p.236.

③ Will Kymlicka (2008) "The Internationalization of Minority Rights", *International Journal of Constitutional Law*, Vol. 6, No.1 (2008), pp.19-20.

④ Will Kymlicka (2008) "The Internationalization of Minority Rights", *International Journal of Constitutional Law*, Vol. 6, No.1 (2008), p.20.

这一模式在西方运作是否良好，仍值得商榷；这一模式并不适用于"后殖民国家"和"后共产主义国家"；国际社会在促进或施行这一模式时并没起到应有的作用。

这说明，金里卡对其假设的现实提出了很大程度的质疑，也就是对"西方模式"输出的现实性进行了质疑。但需要指出的是，金里卡只是对当前输出自由的多元文化主义少数族群权利模式进行了质疑，从长远来看，他仍旧希望在全球推广这一模式。

第四节　金里卡对自由的多元文化主义少数族群权利模式全球普及的策略分析

金里卡对自由的多元文化主义少数族群权利模式的国际化充满信心。"我确信，自由的多元文化主义对于在世界范围内创建正义的和富有包容性的社会仍然是最好的选择。没有国际组织的努力，就不可能做到多元文化主义的普及。因此，保证国际社会在过去十五年间做出的努力继续进行仍然是很重要的。"① "我确信精心设计前后一贯的国际化少数族群权利体系的可靠基础还是自由的多元文化主义观念。"②

但他意识到现在时机还不成熟，当前在全球普及自由的多元文化主义少数族群权利模式面临如下困境："第一，如何把一般性的少数族群权利和具有明确目标指向的少数族群权利结合起来？第二，如何把阻

---

① Will Kymlicka，*Multicultural Odysseys：Navigating the New International Politics of Diversity*，Oxford：Oxford University Press，2007，p.25.

② Will Kymlicka，*Multicultural Odysseys：Navigating the New International Politics of Diversity*，Oxford：Oxford University Press，2007，p.297.

止冲突的短期战略和促进作为最高标准的自由民主的多元文化主义的长期战略结合起来？第三，我们如何把追求族裔文化公正和保护地缘政治安全结合起来？"①

金里卡认为要想真正摆脱困境，关键是对以下问题要有清晰认识："少数族群权利的分类、少数族群权利的路径以及少数族群权利的平台。"② 第一个问题涉及的是少数族群权利的实质和内容，第二个和第三个问题涉及的则是实现少数族群权利的机制和程序。

金里卡认为，有明确目标指向（targeted）的关于少数族群权利的分类是不可避免的。当前西方民主国家对少数族群的关注主要集中于土著、少数民族和移民。如前文所述，按照联合国的标准，少数民族和移民被归为"整合"的一端，土著被归为"融通"的一端。金里卡对此是持批判态度的，这里不再赘述。欧洲在 20 世纪 90 年代初期赋予土著和少数民族同样以自治权，但近些年来出于地缘政治安全的考虑，出现了从该立场撤退的趋势。西方国家关于土著、少数民族、移民的分类并不适合于"后共产主义国家"和"后殖民国家"。针对这种现状，金里卡认为对不同的少数族群及其成员的权利进行分类，应当建立在对其所遭遇的非公正威胁的识别和纠正基础上。事实上，这一建议过于抽象，并不具有可操作性。

如前所述，在当下，自由的多元文化主义在西方是对人权的补充和发展，而在种族关系比较脆弱和缺乏地缘政治安全的地方，却可能造

---

① Will Kymlicka, *Multicultural Odysseys*: *Navigating the New International Politics of Diversity*, Oxford: Oxford University Press, 2007, p.298.

② Will Kymlicka, *Multicultural Odysseys*: *Navigating the New International Politics of Diversity*, Oxford: Oxford University Press, 2007, p. 299.

成不同族群间的敌视。在这种情况下，什么才是可替代性的选择呢？金里卡认为比较可行的是把实行自由的多元文化主义的长期战略和维护地缘政治安全相结合的渐进性（sequencing）战略结合起来。也就是说，"对于民主转型和社会不稳定的地区，可以暂时不符合自由的多元文化主义的最高标准，国际社会期望他们解释，他们当前是如何向最高目标迈进的？"① 问题是，为什么一定是向个人权利取向的目标，而不是公共利益取向的目标迈进呢？

关于少数族群权利国际化的平台，金里卡认为应当把全球性的国际组织和地区性的国际组织的作用结合起来。但现状是少数族群权利的地区化在西方、欧洲和美洲很盛行，相比之下，在亚洲等地区，几乎没有制定少数族群权利地区标准的热情。

---

① Will Kymlicka, *Multicultural Odysseys*: *Navigating the New International Politics of Diversity*, Oxford: Oxford University Press, 2007, p. 305.

第四章

金里卡自由的多元文化主义
少数族群权利理论评析

　　自由主义、保守主义、社群主义、共和主义、女权主义等各个思潮都涉及对少数族群权利的保护。不同的思潮对少数族群权利保护的理论依据和具体主张有很大差别。多元文化主义内部本身又有自己的分野。其中自由主义的多元文化主义（简称自由的多元文化主义）依据自由主义的基本原则，把个人权利置于优先地位，群体权利则居于次要地位，群体权利以不违背个人权利为界限。社群主义的多元文化主义则把社群的权利和利益置于优先地位，为了社群利益，可以适度牺牲个人权利。保守主义的多元文化主义在一定程度上承认少数族群的权利，但少数族群的权利以不危及西方的传统价值为底线。

　　如前所述，金里卡的少数族群权利理论建立在自由的多元文化主义理论框架内，并试图在国际社会处理国家—少数族群的关系问题上推广这一理论。无疑，金里卡的理论对于保护少数族群权利，改善少数族群及其成员的不利处境，进而实现国家和少数族群的良性互动，具有重要的意义。但其自由主义的立场，使其理论呈现出诸多局限性。本章意在肯定金里卡理论贡献的前提下，揭示其自由的多元文化主义理论框架本身的局限性，在此基础上，揭示其少数族群权利理论的内在局限性，进而指出金里卡在分析少数族群权利国际化时所存在的问题。

第一节　金里卡的理论贡献

金里卡自由的多元文化主义少数族群理论的积极意义具体体现为以下几方面：

一、强调文化成员身份的重要性，弥补了公民身份理论的不足

传统的自由主义者把公民作为一个个独立的个体，忽视个体的社会性和历史性，意识不到文化社群对个体的重要意义。有的自由主义者的思想中虽然包含了"文化成员身份"的内容，或者明确提出"文化成员身份"的概念，但并没有对政治社群和文化社群做出区分，他们把国家设想为单一民族的同质化的国家，因此其所谓的"文化成员身份"和"公民身份"并没有质的区别。

社群主义者强调文化成员身份的价值，但认为文化成员身份对个体具有构成性的意义，个体成为社会的附着物，完全失去了独特性。

金里卡则另辟蹊径，他既强调文化成员身份的意义，又充分重视个体的独特性，认为文化成员身份扩大了个体选择的范围，并为个体选择提供了认同聚焦。文化成员身份又可以被视为一项基本善进行分配。他从当代世界大部分国家是多民族或多种族国家的现实出发，认为每个

人都同时拥有公民身份和文化成员身份，文化成员身份可以弥补公民身份的不足。正是在强调文化成员身份重要性的基础上，金里卡提出了少数族群理论，作为普适性公民权利理论的补充。

二、推动了公民权利和少数族群权利理论的进一步发展

自由主义者眼中的公民权利实质上是个体基于公民身份而获得的权利，是普遍平等的权利，普适性的公民权利容易使公民同质化，并使压迫固化。多元文化主义者正是针对公民权利理论的这些缺陷，提出差异性的少数族群权利理论。

少数族群权利最初是由社群主义者提出的，认为少数族群权利是与自由主义者所主张的个体权利相对的集体权利。正如金里卡所指出的，"维护少数族群权利需要承认社群主义对自由主义的批判，把少数族群权利视为维护团结而有集体意识的少数群体用以对抗自由主义的个人主义侵犯的工具"[1]。

金里卡则突破了个体权利与集体权利之争，认为少数族群权利可以是个体享有的，也可以是集体享有的，少数族群权利是对少数族群及其成员不利处境的纠正。

金里卡设计了完整的少数族群权利体系，把少数族群权利分为自治权、特殊代表权、多种族权利，对实现这些权利的群体代表制、多民族联邦制以及针对移民的多元文化政策进行了分析，并指出国家在少数族群权利实现过程中，应当承担"不利处境改善者"的角色。金里卡捍

---

[1] Will Kymlicka, *Liberalism*, *Community*, *and Culture*, Oxford: Oxford University Press, 1989, p.19.

卫"外部保护"，反对"内部限制"，以此来保证族群内的自由和族群间的平等，进而实现公民权利与少数族群权利的平衡。

三、揭穿了自由主义者"族裔文化中立"的谎言

自由主义"国家中立"的原则体现在处理族群关系上，就是他们所谓的通过"善意的忽略"实现"族裔文化中立"。

金里卡指出，"善意的忽略"事实上并非善意，因为它掩盖了西方自由民主国家民族—国家建构的事实，他认为西方自由民主国家在官方语言政策、行政区域边界划分以及权力配置上，都体现了多数族群的利益，而忽视了少数族群的利益。因此，这种忽略并不是善意的也不是无意的，而是刻意为之的，是对少数族群及其成员的伤害。西方自由民主国家的民族—国家建构过程事实上是由主流民族来主导的，采取的是同化或排外政策，存在一定程度的历史不公正。传统的自由主义者把少数族群权利视为少数族群成员的不合理要求，是对多数族群的挑战，是非正义的。而金里卡则认为少数族群权利诉求是对民族—国家建构过程中所存在的历史不公正的回应和纠正。

四、进一步完善了西方民主理论

西方民主理论也是建立在普遍的平等观念基础上的，忽视了少数族群的特殊要求。金里卡并不反对西方民主理论，而认为西方民主理论是有缺陷的，他揭示了一人一票的代议制的局限性，认为这种代议制无法反映利益共同体的要求，进而主张以反映不同利益共同体的利益，特别是少数族群特殊利益要求的群体代表制作为补充，以实现各族群之间的真正平等。他认为，传统的为实现中央与地方合理分权所设计的地区

联邦制忽视了少数族群利益。金里卡主张建立多民族联邦制与地区联邦制相结合的制度，即在少数族群人口比较集中的地方设立多民族联邦制，其他省份建立地区联邦制，从而实现少数族群与多数族群利益的平衡。另外，他还主张建立协商民主的平台，以避免各族群之间的孤立，进而实现各族群之间的充分交流与沟通。

第二节　金里卡理论的不足

一、自由的多元文化主义理论的局限性

金里卡自由的多元文化主义理论具有如下局限性：过分强调自主性的价值，导致其道德一元论的立场；对正义理解的局限性；对文化多样性内在价值的忽视以及对社会团结的潜在威胁。

（一）过分强调自主性的道德一元论倾向

正如帕瑞克所分析的那样，道德一元论基于以下观点而成立："首先，人类在本质上是相同的。也就是说，所有的人，不论其处于何时何地，其本性都是没有差异的；其次，同质性在道德上和本体论上都是优先于差异性的；第三，人性具有超越社会性的特点；第四，人性是可以被理性所把握的；第五，人性是良善生活的基础，善和真理是统一的。"①

---

① 　Bhikhu Parekh, *Rethinking Multiculturalism*, Cambridge and Mass: Harvard University Press, 2000，pp.17-18.

西方文化有着悠久的道德一元论传统，在亚里士多德和柏拉图眼里，缺少沉思的生活和非希腊的生活方式是没有太大价值的；在奥古斯丁和阿奎那眼里，非基督徒甚至不信仰正统教义的基督徒的生活方式，是没有意义的；对于像金里卡这样的自由主义者而言，非自主的生活方式是非理性的、部落主义的和令人费解的。

在金里卡看来，人们具有过良善生活的倾向。这包括两个方面："第一，他们需要从'内部'来过自己的生活，即是说，对于什么是有价值的生活是与他们个人的信仰相一致的。第二，因为人们是易犯错的，并发现他们的信仰是有问题的，他们有质疑并修正它们的自由。"①只有通过这种方式，公民可以决定在生活中什么是有价值的，以及如何实现他们。这两方面一起构成了自主。

金里卡与其他自由主义者一样，认为自主是自由主义政治理论的核心。自主是能使所有其他的道德要求降低的唯一准则。也就是说，金里卡认为自主是人的本性，不论处于什么历史时期，不论处于任何国家、哪一群体，人们都把自主性放在第一位。在这种意义上，这一理论是可以称为道德一元论的。

莱文（Leeuwen）指出，"金里卡关于少数族群权利的核心争论是从自由主义关于平等的个人自主权的承认出发的。为了获得平等的自主权，公民不仅需要公民、社会和政治权利，而且需要文化背景。"②金里卡对所有重要概念的界定和区分都源自于自主原则。第一种区分在于选

---

① Will Kymlicka, *Liberalism*, *Community*, *and Culture*, Oxford: Oxford University Press, 1989, p.13.

② Bart van Leeuwen, Social attachments as conditions for the Good Life? A Cricique of Will Kymlicka's moral monism, *Philosophy Social Criticism*, Vol.32, No.3 (2006), p.404.

择与境况的区分。对个人自主性的承认意味着对个人责任的期待。因此，由于个人选择所带来的社会性不平等不应该得到补偿。但是如果社会性不平等在公民的个人选择之前就存在，这种不平等就造成了一部分公民的不利处境，这部分公民不应该对这种不平等状况负责，应该得到社会性补偿。在这一区分的基础上，金里卡做了第二和第三种区分。第二种区分是在文化特征和社会性文化上所做的区分。文化特征是个人选择的结果，因此，不应当被保护。社会性文化，是建立在语言和社会制度基础上的，为个人自主选择提供脉络，因此应当得到保护。第三种区分是在民族性和移民群体之间所做的区分。这一区分基于境况和选择的区分，民族性群体的文化成员身份是建立在非自愿基础上的，而移民群体的文化成员身份是其自主选择的结果。因此，移民要为自己的选择负责，即融入更大社会，而民族性群体则应当拥有更多的特殊权利。最后一个区分是在"内部限制"和"外部保护"之间的区分。因为"内部限制"违背个人自主性，金里卡拒绝它。相反，"外部保护"保护了个人自主选择的文化背景。因此，金里卡捍卫它。

事实上，金里卡建立在自主性基础上的关于良善生活的观念本身是值得推敲的。好生活为什么一定要从内部来过呢（即遵从心灵的指引）？有些人希望自己选择的生活方式是取悦上帝的，尽管他不确信上帝是否存在；有些人尽管对传统持怀疑态度，但还是希望按照传统的智慧来生活；有些人的生活方式仅仅是因为社会要求他这样做，形成自己信仰的思想从没有进入他的头脑。从内部来过意味着在"内部"和"外部"之间进行划分，意味着把自己和别人截然分开，是建立在个人主义基础之上的。从内部来过的观点事实上是新教徒的观念，在古雅典和罗马、中世纪欧洲、天主教社会，以及非西方文明中仅起到了非常有限的作用。而为了取悦上帝的生活以及按照传统智慧来过的生活显然并没有包含质疑和修正已有的价值观和信念的内容。从内部来过的生活，并不一定是好的生活。希特勒的生活是从内部来过的生活，邪教徒的生活也是从内部来过的生活，但他们的生活显然与好生活是背道而驰的。质疑和修正已有的信仰，并不一定使生活过得更好。从人的一生来看，孩子眼里的世界是最为纯净的，孩子是最容易满足的，也最容易获得快乐。但随着年龄的增长，人们不断地质疑自己的信仰和选择，渐渐地丢失了最为本真的东西，很多人逐渐成为现代社会这台大机器的零部件。人们获得了越来越多的财富、越来越高的社会地位，但各种调查数据表明，人们的幸福感却并没有因此而提高。相反，焦虑、烦躁、失眠弥漫在现代人的生活中，精英群体尤其感到困扰。现代人，尤其是精英群体的生活显然是从内部来过的，而且更具反思精神，但这并没有使其过上好生活。

也就是说，过分强调自主性的道德一元论立场本身有其局限性，基于自主性基础上的核心概念的区分是站不住脚的，而金里卡的少数族群权利理论又是建立在这些核心概念基础上的，自然是存在问题的。而且，金里卡像其他自由主义者一样，认为自主是理性的，但事实上自主有可能是非理性的自主，情感和欲望支配下的自主可能使人更富有创造性，比如在文学和艺术作品的创作过程中，灵感、直觉等非理性因素就起着更为关键的作用。理性的自主本身也是有缺陷性的，它容易禁锢人们的思想，在某种程度上扼杀人们的创造力和想象力，如果这个世界上所有的人都在理性的支配下自主地思考、生活，那这个世界将会变得呆板、沉闷。缺乏理性约束的自主也可能带来犯罪、非道德行为等。自主有真正自觉自愿的自主，也有被欺骗的自主。传销能很好地说明这一点。有很多传销者受到胁迫，但也有相当数量的传销者从表面看来，其行为完全出于自主，事实上，他（她）们被"洗脑"。在特定的情境下，他（她）们被貌似从内心萌生出的热情所牵引，求财的欲望和自信心空前膨胀。时过境迁，当他（她）们回归正常生活后，会觉得传销时的心理和行为匪夷所思，但在当时，他（她）们觉得自己完全是自觉自愿，并没有意识到自己被欺骗。自主有发自内心的自主，也有从众心理影响下的自主。当今，"哈韩"族、"哈美"族、"哈日"族丛生，对韩国、美国、日本流行文化，尤其是影视剧的痴迷，表面上看来是出于个人喜好，但事实上，有很多人是出于从众心理，害怕因为自己与时尚格格不入而日益被孤立。

（二）对正义理解的局限性

如前文所述，金里卡强调文化成员身份的重要性，把其作为一项基本善，在承继罗尔斯正义理论的基础上，把它扩充至文化领域。关于这一点，当代西方的政治哲学家们也从不同角度提出了质疑，尽管这些质疑的合理性本身值得商榷，但对我们认识金里卡理论的局限性是具有启发性的。

其一，正义问题并非当代政治哲学最基本的问题。

这种质疑突出体现在库卡塔斯的观点中。罗尔斯和金里卡把正义问题看作是政治哲学最基本的问题。库卡塔斯认为，只有在文化同质化社会里，正义问题才是政治哲学的基本问题。而在存在较大文化差异的社会里，最根本的问题不是正义问题，而是权威问题，是谁拥有权威，以及权威当局应当做什么的问题。库卡塔斯指出，"金里卡的理论并没有告诉我们，在不同文化并存的社会里，权威当局需要面对的是什么。而有些文化群体，是不同意自由主义正义原则的。金里卡的著作建议，自由主义国家拥有推行自由主义正义的权威，使其自身的权威处于优先地位。"① 正如常士闿所概括的那样，"在库卡塔斯看来，自由主义的国家并非是由一种特定的正义观念塑造和引导的，而是由不同的人群组成的。在这些人群中，有些信仰自由主义和宽容，有些则信仰无神论等。因此，这表明他们并非生来就要生活于一种具有共同目的、高度一体化的国家中。他认为，如果公民生活在一个他们并不接受的国家的正义原则下，则是受到了压迫。库卡塔斯认为社会并非是一个由于正义而联合起来的社会联合体，而是一个由各种群体通过一种文明的、协议的形式聚集起来的较为松散的网状结构"②。

　　库卡塔斯认为自由主义国家的人民生活于自由主义的群岛上，他指出，"自由主义群岛并非是一个被任何一种单一的权威所控制的社会；相反，它是一种各种权威在超越了任何一个权威所能控制的法律下有效运转的社会。"③

　　库卡塔斯的多权威并存的观点，无法避免整个社会处于无政府状态的危险。而且其政治哲学首要问题是权威问题的论述，在否定了正义至高无上地位的同时，却把权威推上了至高无上的地位。但库卡塔

---

① Chandran Kukathas，Multiculturalism as Fairness：Will Kymlicka's Multicultural Citizenship，*The Journal of Political Philosophy*：Vol. 5，No. 4（1997），p. 427.

② 常士闿：《异中求和：当代西方多元文化主义政治思想研究》，人民出版社 2009 年版，第 434 页。

③ Chandran Kukaths，*The liberal Archipolago：A theory of Diversity and freedom*，p.22，转引自常士闿：《异中求和：当代西方多元文化主义政治思想研究》，人民出版社 2009 年版，第 435 页。

斯对罗尔斯、金里卡所倡导的自由、权利优先的正义理论支配地位的怀疑，提醒我们：正义并不一定是存在多元文化社会的最基本的哲学问题。

笔者认为，正义并非政治哲学最基本的问题。正义体现在分配过程中，要实现公平原则，但公平原则与效率原则有时是冲突的。在社会发展的不同阶段，对公平与效率优先性的强调是不同的。比如，我国在改革开放初期，坚持"效率优先、兼顾公平"的原则，发展是第一要务，但发展又必须以稳定为前提，单纯地讲求发展而忽视政治稳定，容易导致社会失范和无序。而且发展应当是全面、协调、可持续的发展，而不是单纯地追求经济增长。也就是说，在不同的社会情境下，发展、稳定、公平等价值的排序是不同的，没有哪种价值在所有时间、所有空间都处于绝对的优先地位。

其二，单一正义原则的缺憾。

社群主义者与金里卡对于正义的理解存在较大分歧，其中最具代表性的是沃尔泽的多元正义理论。沃尔泽与金里卡的不同点在于：首先，他反对金里卡所承继和补充了的罗尔斯式的正义理论，他不认为在社会的所有领域都应该遵循单一正义原则。他虽然也承认在分配过程中存在自由交换、需要、应得等基本原则，但在不同的分配领域应该遵循不同的分配原则，不同的分配领域是边界分明的。一定的正义原则只在特定的分配领域里适用。"不同分配领域的相对自主／自治与物品的社会意义是决定分配正义与否的两大根本决定性因素。"① 其次，成员资格

---

① ［美］迈克尔·沃尔泽：《正义诸领域：为多元主义与平等一辩》，褚松燕译，译林出版社2002年版，第11页。

（金里卡称之为"文化成员身份"）在金里卡那里，只是一项基本善，而这项基本善说到底是服务于自由和权利的。而沃尔泽将成员资格称为"分配正义的首要善"①，人们是因为享有某种成员资格，才获得了各种权利和利益。

沃尔泽的多元正义理论也有其局限性。他虽然提出遵守物品的社会意义的原则，但由于各领域具有自主性，容易造成各领域的割裂，社会共识很难达成。但其对包括金里卡在内的自由主义单一分配正义理论的批判，是很有现实启示性的。不同的文化体系，对分配正义的理解是不同的。并不是所有的社会都像自由主义社会一样把自由和权利置于至高的、不可撼动的地位。

其三，对责任、义务和同情心的忽视。

新儒家认为，自由主义正义理论把权利置于分配正义的核心地位，而忽略了责任、义务和同情心。杜维明对这一点进行了深刻的论述："同情心和设身处地意识的问题也成为政治话语中的中心课题。对于道德推理来说，哪一种更为本质？是理性？还是同情心或设身处地意识？我们知道，一个心理变态者在设计以自杀手段来毁灭对方时可以非常理性，但他所欠缺的品质则是对他人的同情。他没有失去工具理性。但问题在于，除了权利意识之外，还有教养、责任意识以及责任的问题。人的尊严的观念不必基于作为孤岛或孤立个人的人，而是基于作为一个流动并与他人交往的人。如果我们承认我们的内在价值，我们应如何建设一个其中只有自我依赖而非自我修养的社会呢？如果我们将这一课题放

---

① ［美］迈克尔·沃尔泽：《正义诸领域：为多元主义与平等一辩》，褚松燕译，译林出版社2002年版，第31页。

到全球化的脉络之中，我们的选择应该是明确的。这不是一个非此即彼的问题，而是一个即此即彼的境域。"① 也就是说，我们要摆脱非此即彼的二分法思维，在设计分配体系时，不仅考虑到权利，而且要兼顾到责任、教养、同情心等。

（三）对文化多样性内在价值的忽视

金里卡仅仅承认文化多样性的工具性价值，即其对于个人自主选择的重要性，对文化多样性的内在价值却缺乏认识。

帕瑞克深刻地揭示了这一倾向可能产生的问题。"文化多样性增加了自由选择的范围并且扩展了自由选择。事实上，这一论述暗含着，其他文化越是与我们自己的文化不同，我们就越少有理由来珍爱它。因为我们深深地被我们自己的文化所塑造，因此放弃它在感情上和道德上都是严重的扭曲。或者以激进的方式修正它，或者把其他文化的信条和实践介绍进来。其他主流文化很少是我们的选择。而且，这种论述没有给那些在他们文化中感到很快乐的人欣赏文化多样性的理由，并且在其他文化中选择的理由。"②

而事实上，文化除了作为个人选择背景这一工具性价值外，还有其内在价值。

其一，文化多样性是区分不同个体以及族群的基本标尺。

文化在一定程度上起着塑造个体和族群的作用。而文化多样性区分了不同的个体和族群。

---

① ［美］杜维明：《儒家传统与文明对话》，彭国翔编译，人民出版社 2010 年版，第 115 页。
② Bhikhu Parekh, *Rethinking Multiculturalism*, Cambridge and Mass: Harvard University Press, 2000, p.16.

关于生物进化和文化进化的关系，通常的观点认为，生物进化在先，文化进化在后。从人类的起源来看，确实是这样，随着生物的进化，生产力水平的提高，人类经历了蒙昧、野蛮、文明的演进序列。但人类进入文明状态以后，也即人类的智力达到一定程度后，人类就有能力向其后代传播"知识、信仰、法律、道德、习俗"①，人的发展更多地依赖于文化的积累和习俗的增长，而不是身体器官的缓慢进化。离开一定文化模式约束的个人行为将是难以驾驭的，个人情感将是荒诞的，文化在一定程度上成为个人生存和发展的基本条件。人们的思想、情感、价值观、行为等在一定意义上而言都是文化的产物。文化不仅塑造人类成为单一的物种，而且继续塑造出一个个不同的个人，不同的族群。像格尔兹所描述的那样，"我们说话的能力肯定是天生的；而我们说英语的能力肯定是文化的。我们在受到高兴的刺激时笑和受到不高兴的刺激时皱眉肯定在某种程度上是由遗传基因决定的（甚至类人猿都会在闻到讨厌的气味时把脸皱起来），但是冷嘲热讽地皱起眉头同样地肯定是由文化确定的，就像巴厘人在认为一个人是疯子时所表现的那样，这和一个美国人在没有什么可笑的事时笑是一样的。"②

正是因为文化多样性是区分不同个体和族群的基本标尺，所以要想真正了解一个族群及其成员的需求，需要穿越文化的障碍，真正认识到文化多样性的内在价值。正如格尔兹所言，"我们必须深入细节，越过误导的标签，越过形而上的类型，越过空洞的相似性，去紧紧把握住

---

① 此处借用人类学之父泰勒关于文化的经典定义，即"文化是包括知识、信仰、艺术、道德、法律、习俗和任何人作为一名社会成员而获得的能力和习惯在内的复杂整体"。

② [美] 克里福德·格尔兹：《文化的解释》，韩莉译，译林出版社1999年版，第63页。

各种文化以及每种文化中不同种的个人的基本特征，假如我们希望直面人性的话。"①

其二，文化多样性具有审美的价值，它创造了丰富多样的、富有美感的、令人兴奋的世界。

正是因为存在文化多样性，我们才能生活在如此多彩的世界。在我们生活的这个星球上，有 60 多亿人口，200 多个国家，2500 多个民族，6000 多种语言，有基督教、伊斯兰教、佛教和道教等多种宗教。正是因为多种文化的存在，我们欣赏到不同的民族性格，中国人的含蓄、法国人的浪漫、英国人的优雅、美国人的自由奔放、德国人的严谨、非洲人的狂野；正是因为不同文化的存在，我们才可以享受到不同的美食，西餐的快捷方便、中餐的色香味俱全；我们才可以享受茶文化、酒文化、咖啡文化；我们才可以凭自己的喜好和不同的场合穿西服、旗袍或牛仔；我们才可以穿梭于海洋文化、高原文化、高山文化、平原文化之间；才可以徜徉于各种音乐、影视和文学、艺术作品中；等等。正是因为文化多样性的存在，让我们既可以充分享受现代化所带来的快节奏、高效率生活，又可以在传统中寻找心灵的"原乡"。

其三，文化多样性可以促进文化之间以及文化内部的相互作用、相互对话，从而完善各种文化。

很难想象有一种文化可以保持原始状态或隔离状态，而完全不受其他文化的影响。从历史上看，希腊文化尽管始终有把自己与波斯文化相区分的企图，但事实上它受到地中海其他国家，如埃及以及其他东方国家前希腊文化的广泛影响。伊斯兰教深深地受到了基督教、前伊斯兰

---

① ［美］克里福德·格尔茨：《文化的解释》，韩莉译，译林出版社 1999 年版，第 67 页。

的各种宗教和实践的影响。现代西方国家从古希腊、罗马、印度、中国和其他文明中汲取了不少智慧和技艺。文化不只是与之相应的社会独自所创造的文明，同时也受到其他社会的影响。这些社会为其提供了背景，塑造了他们的某些信仰和实践。从这一意义而言，几乎所有的文化都是相互作用而形成的。近些年来，随着全球化进程的加速，文化间的相互作用获得了相当强劲的发展势头。当然，全球化是由西方发起和推动的，意在把世界其他地方西方化。但是，事情并非如此简单。非西方的宗教、医学、物品、文学、艺术也在向西方渗透。

超越民族、语言、宗教和文化对立的交流一直是人类历史的一个显著特性。杜维明指出了文化交流与互动的重要性，"尽管在对立的共同体之间存在着紧张和冲突，但超越这些对立，建立更多的联系和互动，一直是一个不可低估的大趋势"。[①]通过对话，我们将学会最大限度地欣赏他者的独特性。"我们将真正理解，一个由不同的人和文化融合而成的绝妙的多样性整体能够丰富关于自我的认识。对话推动我们努力实现一个真正的包含所有人的社群。"[②]

文化多样性同样推动我们文化内部的对话，为批评性的和独立的思想提供空间，并培育其实践活力。一个族群如果认为自己拥有最好的文化或宗教，压制其他文化或害怕以及避免与其他文化接触，在对待内部文化时，则容易持统一的或同质化的态度，压制内部的差异和分歧。而开放性的、对话性的文化，可以保持文化的活力。

---

① ［美］杜维明：《儒家传统与文明对话》，彭国翔编译，人民出版社2010年版，第88页。
② ［美］杜维明：《儒家传统与文明对话》，彭国翔编译，人民出版社2010年版，第89页。

（四）对社会团结的潜在威胁

如第二章所述，金里卡认为多元文化主义的历史教育有助于塑造共享的认同，而共享的认同是维持社会团结的基础。具有保守主义倾向的学者，如格莱泽、施莱辛格、施密德等则担心多元文化主义的历史教育会威胁到社会团结。格莱泽认为，历史教育所选取的内容应该服务于政治目标，应当有利于美国向着更加自由、平等的美好未来迈进。在历史教育中，应当更加强调和谐一致的成分，尽量减少流血冲突的描述。而多元文化主义倡导历史教育要还原历史的本来面目，要更多地把少数族群的发展历史包含进来。这就不可避免地提醒少数族群在历史上曾受到的不公正待遇，从而引发少数族群对国家的怨恨，进而对社会团结造成威胁。施密德认为，"多元文化主义的思潮和主张给美国带来了沉重的灾难：它歪曲历史，制造谎言，丑化美国人，否定西方传统，破坏美国家庭，在'政治正确'的名义下钳制人们的思想和言论自由，破坏了美国的'灵魂'，如果继续将这一理论付诸实践，将导致美国'从熔炉变成火炉'"①。施莱辛格认为多元文化主义的历史教育是对美国历史的伪造，侵蚀着美国的肌体，过分强调少数族群的历史，将会产生"分裂美国"的危险。"提倡多元文化的主张抛弃了历史的目标，以分化取代同化，以分离代替同一。它贬低了'化一'而表彰了'多元'。建立共识的美国同一性的历史目标今天已经在许多领域中——如政治、自发的社会团体、教会、语言等领域——处于危机的状态。"②

① Alvin J. Schmidt, *The Menace of Multiculturalism：Trojan Horse in America*，Westport Conn：Praeger Press，1997，转引自常士誾主编：《异中求和：当代西方多元文化主义政治思想研究》，人民出版社 2009 年版，第 409 页。

② 阿瑟·施勒辛格：《美国的分裂》，马晓宏译，台北正中书局 1994 年版，第 15 页。

施密德、施莱辛格、格莱泽等人的观点，夸大了多元文化主义对政治一体的冲击和影响，但金里卡过分乐观的态度同样也是有失偏颇的。虽然国内一些学者认为以金里卡为代表的多元文化主义能够实现"文化多元"与"政治一体"的统一，但由于其更加强调差异、多元的一面，无形之中在各族群之间树立了屏障。这容易导致特定少数族群聚居地的"巴尔干化"，美国的族群关系现状便是"自由的多元文化主义威胁社会团结"的生动说明。

二、少数族群权利理论存在的局限性

金里卡少数族群权利理论本身具有局限性，主要体现在民族—种族二分法、国家在权利实现过程中应发挥的作用、承认与再分配难题、非权利因素的缺失等方面。

（一）民族—种族二分法的不足

民族—种族二分法主要有以下方面的不足：

其一，族群间的差别更多是程度上的，而不是本质上的不同。

艾丽斯·玛瑞恩·扬认为，在不同群体之间只有程度的不同，而没有质的不同，不同群体应该是连续统一体（continuum）。她指出，金里卡在民族与种族之间的二元对立的划分对于多元文化公民权来说，过于僵硬甚至自相矛盾。她试图为这种显著区分松绑，并且试图创造一个连续统一体，以便更好地为金里卡的目标服务。

金里卡建立起来的两个种类的少数族群是相对的和相互排斥的，尽管他指出有些族群不属于这两个族群，其中最为突出的是非洲裔美国人，既不是民族也不是移民群体，而是通过武力被带到新大陆的奴隶。他们的文化被强力剥夺，而且也无法融入新社会的文化。金里卡不再考虑由于这些非正常情况而对其分类进行纠正。他声称，非洲裔美国人是独特的。扬认为，事实上，所有的人都是独一无二的，由英国殖民者带到亚洲和非洲的许多地方的印第安后裔与美国的非洲人也是相似的。印第安散居者同样不适合于金里卡的分类。金里卡自己也认为难民和客工也并不适合这样的分类。奴隶、政治或经济难民、客工、殖民征服者，对于金里卡的分类来说，都是例外。但这些群体构成少数族群的一大部分。扬认为，这些例外说明金里卡的概念是有问题的，最好把其视为连续统一体。"把文化群体间的差异视为程度上的而非种类上的，更适合对一些道德上具有细微区别的群体进行讨论。"① Gwendolyn Sasse 也指出："新老少数族群之间的区分是有缺陷的。他在边界很模糊的族群之间进行了轮廓清楚以及静止的划分。"②

其二，在自愿与非自愿的基础上划分民族性和种族性群体，不能反映少数族群的真实状况。

关于这一点，库卡塔斯进行了尖锐的揭露。他指出，当前少数族群如果根据自愿与非自愿的标准进行区分，其真实状况应该如表 1 所示③：

---

① Iris Marion Young, A Multicultural Continuum：A Critical of Will Kymlicka's Ethnic-Nation Dichotomy, *Constellations* Vol. 4, No.1 (1997), p.51.

② Gwendolyn Sasse, Kymlicka's Odysseys—lured by norms into the rocks of politics. *Ethnicities*, Vol. 4, No.2 (2008), p.265.

③ Chandran Kukathas, Multiculturalism as Fairness：Will Kymlicka's Multicultural Citizenship, *The Journal of Political Philosophy*：Vol.5, No. 4 (1997), p. 412.

表1　库卡塔斯关于少数群体的分类表

	种族性群体	民族性少数群体
自愿	成年经济移民	一些成年土著 魁北克人 南非白人
非自愿	移民的后代 难民 受政治或宗教迫害的移民	遥远的土著 土著的后代

事实上，民族性少数群体和移民是很难辨认的，特别是依据其成员在自己的社会或更大的社会中是否自愿为标准。时间的流逝增加了这一难度。由于群体的混合、成长和缔约，移民发现他们的先辈在自己出生地的比在祖父的祖国更多。斐济的印第安人不能回到对他们来说已经陌生的祖国，马来西亚的华人和印度人不能回到中国或印度。

显而易见，在民族性少数群体内部的区别有时比民族性少数群体与移民群体之间的区别还要大。

其三，以是否拥有完整的社会性文化进行划分，同样不能反映世界上少数族群的现状。

许多民族性群体内部是多样化的，少数族群有时是文化群体，有时（公开程度不同的）是政治联盟，是政治或法律规则的产物，且是被精英塑造的联盟，而精英的观念与大众非常不同。国家内的少数族群并不拥有主权。他们差别很大：在某些情况下，他们是高度组织化的、独立的、自治的文化群体（像阿曼人）；另一些情况下，他们是多样的、分散的、局部组织化的（像澳大利亚土著），他们需要不同程度的独立和主权。金里卡"社会性文化"的标准不足以反映这些差异。金里卡认为，民族性少数群体拥有完整的社会性文化，而移民则没有。但我们可以从真实世界找到很多反例。如果从是否拥有完整的"社会性文化"而言，马来西亚的华人比南澳的一些土著拥有更完整的文化。

族群特征具有变动性和流动性，而试图在"社会性文化"的基础上来确立不同种类的少数族群权利的政治原则否认或忽略了群体的这一特征。这种方法在现实中可能带来的危险是，它也许会阻碍地区性的发展中国家政治当局的选择。这种方法的另一危险在于，它只考虑到精英的利益。例如，有些土著群体中的大众对自治并没兴趣甚至敌视自治。授予这些群体自治权更大程度上只是满足了精英的需要。

其四，这种区分没有充分考虑到移民的困境以及其与土著之间的冲突。

许多政治社会对移民持怀疑态度，把他们视为破坏性力量，认为他们威胁到本土社会的稳定和团结。乌干达驱逐亚洲人，尼日利亚驱逐加纳人，在 17、18 世纪越南驱逐或鼓励大量的华人离开。另外一些国家，没有驱逐新来者，但是不愿意接受他们或他们的后代，甚至两三代以后的后代。比如德国人不愿意接受在其境内的土耳其后裔，日本的朝鲜后裔也面临类似境遇。

金里卡的理论想当然地以为能处理冲突，但正如库卡塔斯所指出的，"他没意识到很多国家移民的困境，以及移民和土著之间的冲突"①。

（二）非权利因素的缺位

金里卡建立在自由的多元文化主义基础上的少数族群理论，并没

①　Handran Kukathas，Multiculturalism as Fairness：Will Kymlicka's Multicultural Citizenship，*The Journal of Political Philosophy*：Vol. 5，No. 4（1997），p. 417.

有从根本上克服自由主义公民权利理论的局限性，仍旧以个人为本位，强调权利至上性。可以说，在其少数族群理论中，出现了非权利因素的"空场"。

东亚社会的外籍劳工的具体情况，提供了金里卡少数族群权利理论的反例。东亚的外籍劳工的例子生动地体现了平等权与利益之间的矛盾，以及建立在平等的尊重与关怀基础上的权利诉求与情感诉求之间的矛盾。

其一，平等公民权与实际利益和需要之间的矛盾。

金里卡笔下的少数族群权利是在少数族群成员享有平等公民权的基础上，由于自身的不利处境，而享有的族群差异权利。而平等公民权对于东亚的外籍劳工输出大国来说，可能带来不利影响。对东亚外籍劳工来说，他们想争取获得公民权的机会，可能带来的结果是他们被遣返回原籍，从而失去获得更多利益的机会，而输出国也可能失去改善生活条件的机会。公民与外籍劳工之间的不平等权利可能会被证明具有合理性，贝淡宁指出了这种合理性的条件："（一）这一安排有利于外籍劳工的利益；（二）它创造了机会，让相对贫困社会中的人们改善他们的生活；（三）没有其他可行方法实现（一）与（二）中确定的目的。"① 在东亚社会，对于菲律宾、泰国等劳工输出大国来说，显然没有更好的办法来实现这两个目的。因此，公民与外籍劳工的不平等权利在某种程度上是合理的。而金里卡的少数族群权利理论恰恰是否认这种合理性的。

金里卡的少数族群权利理论是以西方自由民主国家为分析背景的，非自由民主体制国家的利益消失在这一背景之中。他没有考虑到其自由

---

① ［加］贝淡宁：《超越自由民主》，李万全译，上海三联书店 2009 年版，第 291 页。

民主理念与他所谓的"非自由民主社会"外籍工人的需要和利益之间的冲突。

其二，权利诉求与情感诉求之间的冲突。

对于东亚社会来说，人与人之间光有尊重与平等对待是不够的。东亚文化很重视关心与照顾、和谐与信任。这集中体现在东亚外籍家庭劳工和雇主的关系上。

贝淡宁指出，"外籍家庭劳工与雇主之间也是一种市场关系，因此需要对权利的关注与情感关系的质量之间寻求平衡。然而，这里的问题在于这两者常常在实践中发生冲突，而对正义的考虑并不总具有优先性。"①

在尊重与平等对待的正义要求与关心、照顾、和谐与信任之间，像金里卡这样的自由主义者，自然会选择尊重与平等对待。而东亚社会的儒家传统中，家庭主义占据非常核心的地位，儒家伦理开始于对家庭成员的关心和照顾，然后扩展到非家庭成员身上。而给予外籍家庭劳工关心和照顾，在雇主和外籍家庭劳工之间建立和谐和信任的规范是儒家家庭主义伦理的自然延伸。

其三，个人权利和公共利益的冲突。

东方和西方在价值观上有着根本的差异。东方人注重公共利益、整体利益，而以美国为代表的西方人则注重个人权利。正如亨廷顿所言，"在最广泛的层面上，盛行于众多亚洲社会的儒家精神强调这样一些价值观：权威、等级制度，个人权利和利益居次要地位，一致的重要性，避免正面冲突，'保全面子'，以及总的说来，国家高于社会，社会

① ［加］贝淡宁：《超越自由民主》，李万全译，上海三联书店 2009 年版，第 289 页。

高于个人。此外，亚洲人倾向于以百年和千年为单位来计算其社会的演进，把扩大长远利益放在首位。这些态度与美国人信念的首要内容形成了对照，即自由、平等、民主和个人主义，以及美国人倾向于不信任政府、反对权威、赞成制衡，鼓励竞争，崇尚人权，倾向于忘记过去，忽视未来，集中精力尽可能扩大眼前的利益。冲突的根源是社会和文化方面的根本差异"①。

在金里卡的少数族群理论中，公共利益也是缺位的。他只是在考虑满足当下少数族群及其成员的各种权利，而没有考虑到整个国家以及全人类发展的根本利益和长远利益。

（三）解决"承认与再分配难题"的乏力

如第二章所述，金里卡在其文中明确指出自由的多元文化主义少数族群权利不仅包括"认同"或"承认"，还包括"再分配"。金里卡意识到少数族群所受到的文化上的侮辱和伤害与其所受到的政治经济上的压迫交织在一起。但他没有意识到在承认与再分配之间事实上是存在张力的。

南茜·弗莱泽的理论并没有针对金里卡，但她对承认与再分配之间关系的论述，恰恰揭示了金里卡理论中的不足之处。她指出，再分配是对社会经济不正义的矫正，承认是对文化不正义的矫正。在这两种矫正之间，存在着承认与再分配的难题。她对社会经济不正义和文化不正义是这样界定的："第一种是社会经济的不正义，根植于政治经济的社

---

① ［美］塞缪尔·亨廷顿：《文明的冲突与世界秩序的重建》，周琪译，新华出版社 2002 年版，第 250 页。

会结构，例如剥削（因其他人的利益而占有某人的劳动成果）、经济的边缘化（既限定于令人难受或低报酬的工作，又被剥夺了不断增加收入的工作机会），以及剥夺（被剥夺了适当的物质生活水平）。"① "第二种不正义是文化上或象征性的，它根植于代表权，阐释和交往的各种社会模式。例如文化统治（受制于与另一种文化有关的、或异于、或敌对于这种文化的各种阐释和交往模式）、不承认（对某种文化的代表权、交往和阐释进行权威性实践，从而让人们对这种文化视而不见），以及歧视（在原有的公共文化代表权中，或在日常生活的相互交往中受到经常性的诽谤或污蔑）。"② 从其对两种不正义的定义来看，与金里卡对正义的理解相似。金里卡把文化成员身份作为一项基本善，纳入罗尔斯的正义理论体系，虽然他在文中并没有对不正义进行明确界定，但从其主张可以看出，他的"再分配"与"承认"事实也是对社会经济不正义和文化不正义的矫正。

南茜认为，当性别或"种族"群体同时提出以矫正社会经济不正义为目标的再分配诉求和以矫正文化不正义为目标的承认诉求时，两种权利诉求会发生冲突。之所以发生这样的冲突，是因为承认诉求意味着对群体特殊性的强调，而再分配诉求则意味着尽可能缩小群体间的差异。而这两个方向是背道而驰的，所以同时满足再分配的权利诉求和承认的权利诉求是很困难的。

① ［美］南茜·弗莱泽：《从再分配到承认？"后社会主义"时代的正义难题》，见凯文·奥尔森编：《伤害＋侮辱——争论中的再分配、承认和代表权》，高静宇译，上海人民出版社2009年版，第15—16页。
② ［美］南茜·弗莱泽：《从再分配到承认？"后社会主义"时代的正义难题》，见凯文·奥尔森编：《伤害＋侮辱——争论中的再分配、承认和代表权》，高静宇译，上海人民出版社2009年版，第16页。

那么这个难题如何解决呢？南茜·弗莱泽提出了肯定的方案和改造的方案，并把其分别与自由主义福利国家和社会主义国家在矫正社会经济不正义和文化不正义时的具体举措相结合（见表2）①，揭示这些举措所存在的问题，进而设想出全新的解决方式。

表 2　"再分配"与"承认"关系表

	肯定的方案	改造的方案
再分配	自由主义福利国家 把现存产品在现存群体中进行表面上的再分配；支持群体差异；能产生错误承认	社会主义 生产关系的深层重构；模糊群体差异；能够有助于消除某种形式的错误承认
承认	主流的多元文化主义 在现存群体的现存身份中对尊重进行表面上的再分配：支持群体差异	解构 承认关系的深层重构，动摇群体差异

南茜把主流的多元文化主义（事实即为自由的多元文化主义）作为自由主义福利国家在处理文化问题上的对应物，把解构作为社会主义国家在处理文化问题上的对应物。这种分析并非完全符合现实世界的真实情况，特别是对解构的分析，但她对自由主义福利国家的分析是比较客观的。肯定的再分配矫正包括金里卡文中多次提到的颇具争议的肯定性行动，即努力保证少数族群在职业和教育领域拥有一定份额。而肯定的承认矫正意味着承认现在的种族差异的基础上，对有色人种进行重新评价，以确保其获得尊重。弗莱泽指出了肯定的再分配与承认之间事实上是存在冲突的，肯定的再分配容易导致错误的承认，从而使"种族"

---

① ［美］南茜·弗莱泽：《从再分配到承认？"后社会主义"时代的正义难题》，见凯文·奥尔森编：《伤害＋侮辱——争论中的再分配、承认和代表权》，高静宇译，上海人民出版社2009年版，第30页。

群体遭受事实上的侮辱和伤害。她指出，"这个模式没有触动产生种族劣势的深层结构，于是必须不断地进行表面上的再分配。结果不仅是强化了种族差异，而且还把有色人种标识为有缺陷的和不满足的群体，总是一要再要。于是，他们也能被视为受特别恩典的群体，享受特殊待遇。"① 她同时指出改造的方案的局限性主要体现于其对当前有色人种利益与身份的远离。

她认为，要想解决承认与再分配难题，需要诉诸社会主义的方式，"解构的文化政治与社会主义经济相结合是解决这一难题的最佳方式"②。那么，南茜所倡导的改造的方案的前景，当真如她所预想的那么乐观吗？对此，以罗蒂为代表的很多西方学者提出了质疑，"我认为'解构'太过虚幻和复杂，并不是左翼所需要的武器，弗雷泽提出，'解构'在左翼的武器中应被提升到与'社会主义'同等的地位，这对我来说，似乎太过勉为其难了"③。

承认与再分配的难题对于我国来说，同样也存在，如何改善少数族群在社会经济上所处的不利境况，同时又不使其感觉遭遇歧视和不尊重，需要在理论上和实践中不断探索。

---

① ［美］南茜·弗莱泽：《从再分配到承认？"后社会主义"时代的正义难题》，见凯文·奥尔森编：《伤害＋侮辱——争论中的再分配、承认和代表权》，高静宇译，上海人民出版社2009年版，第33页。

② ［美］南茜·弗莱泽：《从再分配到承认？"后社会主义"时代的正义难题》，见凯文·奥尔森编：《伤害＋侮辱——争论中的再分配、承认和代表权》，高静宇译，上海人民出版社2009年版，第34页。

③ ［美］理查德·罗蒂：《"文化承认"是左翼政治的有用概念吗?》，见凯文·奥尔森编：《伤害＋侮辱——争论中的再分配、承认和代表权》，高静宇译，上海人民出版社2009年版，第78页。

（四）民族国家建构并非总是以多数族群文化为中心

金里卡认为，国家在保护少数族群权利时，并不能真正做到"善意的忽略"，民族国家建构过程中，总是以多数族群文化为中心的，少数族群的权利和利益遭到忽略，因此而处于不利处境。正是为了纠正这种不利处境，才需要赋予少数族群不同于普适性公民权的族群差异权利。

金里卡也承认，有一些国家是例外。"他说像新加坡这样的国家是例外而非规律。"① 但对东南亚来说，新加坡、马来西亚、印度尼西亚包括了东南亚人口的大多数。也就是说，金里卡所谓的"例外"，事实上包含了很多国家，这也就不成其为例外。因此，他关于民族国家建构总是以多数族群文化为中心的观点是应当受到质疑的。我们可以通过新加坡和马来西亚的例子来反驳金里卡的这一论述。

新加坡是多种族社会，包括 77% 的华人，14% 的马来人，8% 的印度人。如果按照金里卡的逻辑，新加坡在 1965 年脱离马来西亚，进行民族—国家建构时，应当以中华文化为中心。但人民行动党为了避免马来人和印度人的不满，保持社会的稳定和繁荣，采用了新的新加坡身份认同。人民行动党推广英语，使华人的宗族组织处于边缘化的地位，李光耀曾指出新加坡的民族—国家建构不符合多数人统治的原则。

从印度尼西亚的建国过程来看，印度尼西亚有 1.8 亿穆斯林，如果按照以多数族群文化为中心的原则，应该是以穆斯林文化为中心的，但印度尼西亚当局提出了"建国五原则"。1945 年 6 月 1 日，苏加诺在"独立筹备委员会"会议上发表演说时提出来的。按照苏加诺的解释，要将

① 　[加] 贝淡宁，《超越自由民主》，李万全译，上海三联书店 2009 年版，第 179 页。

印尼建设成为一个"天下为公"的国家，必须实行五项基本原则，即建国的五个基础。第一个原则是"民族主义"。这个民族主义不是狭义的某一个民族的民族，而是指印尼是一个统一的民族国家。第二个原则是"国际主义"。所谓国际主义并不是不承认民族主义，不承认民族国家存在的世界主义，这种国际主义是建立在民族主义基础上的。第三个原则是"协商一致"的原则。通过协商和会议来保障伊斯兰教徒的权利。第四个原则是"共同繁荣"。独立的印度尼西亚不应再有贫困，全体人民应当过上吃饱穿暖的幸福生活。这就要求不仅应该有政治上的平等，而且在经济上也必须实行平等。第五个原则是"信仰神道"。不仅允许人民有信仰，而且每个印尼人民应该信仰各自的神道，全体人民必须以具有教养的方式来信仰，不含宗教偏见，使印度尼西亚成为一个信仰神道的国家。苏加诺将这五项原则归结为一项核心原则，称为"互助合作"。

正如贝淡宁所言，在不那么民主的国家[①]，"政治精英可以轻而易举地压制多数群体的民族主义。如果政治领导人认为多数群体的文化与国家的目标相冲突的话，他们并不那么受到多数群体文化的制约"[②]。这就是说，民族国家建构并不总是以多数族群文化为中心的，它也有可能是以国家利益为中心的。

三、少数族群权利国际化的内在矛盾

金里卡虽然分析了当前西方国家在输出自由的多元文化主义过程中所遇到的障碍，但他仍旧对这一模式持非常乐观的态度。他认为这一

---

① 贝淡宁理解的民主仍旧是以西方的自由民主为标准，所以把东南亚国家称为"不那么民主的国家"。

② ［加］贝淡宁，《超越自由民主》，李万全译，上海三联书店 2009 年版，第 176 页。

模式在处理国家—少数族群关系时，尽管不是很完美，但是迄今为止最好的选择。这一模式虽然现在在"后殖民国家"和"后共产主义国家"不能有效推广，但这只是时间问题，而不是理论本身的问题。他事实上提倡一种迂回的战略，即先促进这些国家的自由民主化，等其符合推广这一模式的条件时，再把其作为民主政治的一部分进行推广。他的观点体现了自由主义者所普遍具有的普世主义的倾向。金里卡在分析西方模式国际化的问题上，存在以下局限性：

（一）推广自由主义基本价值所存在的悖论

如前文所述，金里卡认识到了自由主义普遍主义思维方式的危害性，但事实上，他本人仍然没有摆脱这一思维方式。金里卡承认，现今的大部分社会都是文化多元的，并非都是自由主义的。但是他仍然主张，我们今天生活在自由的社会里，因此应当以自由的方式界定和保护少数族群权利。在新近的对话中，他重申了这一主张："少数族群权利应当建立在自由主义价值基础上。这些价值包括：机会平等、民主性公民身份、有效参与等。我没有兴趣捍卫与自由民主制度不协调的少数族群权利。"① 而且如帕瑞克所指出的，他试图"把单一和同质化的认同强加于其他社会头上，把自由主义强加于社群和民族文化之上"②。

即使我们接受了金里卡的观点，即我们的社会是自由的，问题依然存在。像他自己所认为的那样，一些群体不是把自由主义价值放在首

---

① David Edmonds Wiu Kymlicka, *Will Kymlicka on Minority Rights*, Oxford: Oxford University Press, 2010, p.83.

② Bhikhu Parekh, Dilemmas of a Multicultural Theory of Citizenship, *Constellations* Vol. 4, No. 1 (1997), p.58.

位的。当争议中的两方并不分享相同的准则，其中有一方就会觉得受到了道德上的欺骗，进而产生对"家长制"的抱怨。

金里卡只强调培育自主的作用，对那些不培育自主的文化则很担忧，并且希望它们发生改变。这是一种自由主义标准的文化，没有显而易见的理由说明它为什么应被所有的人分享。要求所有的文化都符合它，是对其他文化完整性的破坏。金里卡甚至走得更远，他要求所有的自由主义者要以同一的更加自由的方式与其文化相联系。有些土著社群，比如信奉印度教和正统的犹太教的人把他们的文化看作是对祖先的继承，是对他们前辈的忠诚。事实上，他们很明智地知道他们应当适应变化了的形势，但他们应当通过他们权威当局来改变，而不是外部干涉。金里卡无视这些，把自由主义的价值普遍化并强加于这些群体身上，并且企图把他们自由化。他期望美国印第安人、因纽特人以及其他非自由主义的社群，用自由主义的观点来看待自己，用自由主义的方式来看待自己的文化。

因为自由的多元文化主义理论坚持从自由主义的视角看问题，它不可能赞赏非自由主义的文化，而且不可避免地会歪曲他们。我们需要一个理论框架来欣赏和容纳文化多样性。金里卡使所有的文化均质化，降低了族裔文化群体自我理解和自我欣赏的多样性模式，而代之以单一的自由主义模式。其思维方式仍然是普遍主义的思维方式。

普遍主义的逻辑有很多危害，比如引发战争和冲突，塞缪尔·亨廷顿明确指出了这一点："帝国主义是普世主义[①]的必然逻辑结果。"[②] "在

---

① "普世主义"与"普遍主义"都是译自"universalism"，笔者采用"普遍主义"的译法。
② [美] 塞缪尔·亨廷顿：《文明的冲突与世界秩序的重建》，周琪译，新华出版社 2010 年版，第 359 页。

当今正在呈现的存在民族冲突和文明冲突的世界中，西方文化的普世观念遇到了三个问题：它是错误的；它是不道德的；它是危险的。"①"西方的普世主义对于世界来说是危险的，因为它可能导致核心国家之间的重大文明间战争；它对于西方来说也是危险的，因为它可能导致西方的失败。"②

另外，普遍主义容易导致霸权主义，马德普指出了普遍主义思维模式和霸权主义逻辑的本质："普遍主义的思维模式和霸权主义的逻辑，反映出来的不仅仅是西方中心论的傲慢，同时还夹杂着对其他文明生存价值的偏见。更重要的是，这种霸权逻辑背后隐藏的其实是一种很自私的利益。事实上，在当今西方文明向外扩张的过程中，常常伴有政治上的干预、军事上的诱导以及军事上的侵略和控制。利用这些手段，自由主义的普遍主义者常常会强行地将西方的价值观强加给那些文化上处于弱势地位的民族国家。"③

文化的共存，需要人们放弃普遍主义的立场，亨廷顿指出，"文化的共存需要寻求大多数文明的共同点，而不是促进假设中的某个文明的普遍特征。在多文明的世界里，建设性的道路是弃绝普世主义，接受多样性和寻求共同性"④。

---

① 〔美〕塞缪尔·亨廷顿：《文明的冲突与世界秩序的重建》，周琪译，新华出版社 2002 年版，第 358 页。

② 〔美〕塞缪尔·亨廷顿：《文明的冲突与世界秩序的重建》，周琪译，新华出版社 2002 年版，第 359 页。

③ 马德普等：《普遍主义与多元文化——霸权主义与恐怖主义的文化根源及其关系研究》，人民出版社 2010 年版，第 250 页。

④ 〔美〕塞缪尔·亨廷顿：《文明的冲突与世界秩序的重建》，周琪译，新华出版社 2002 年版，第 369 页。

(二) 金里卡对西方模式国际化障碍因素分析的失当

金里卡认为当前之所以不宜在全球推广自由的多元文化主义少数族群权利模式是因为"后殖民国家"和"后共产主义国家"不具备适用这一模式的基本条件。关于这一点，在第三章已经进行过详细论述，这里不再赘述。一些学者对金里卡的《自由的多元文化主义的长途冒险旅行 (Odysseys)》一书提出了批评，金里卡在回应时，重申了他之前的立场："在世界上的大多数地方，民主、人权和法治的发展是不充分的，这影响到种族政治的特征。民主论坛的缺失，意味着种族政治容易采取暴力的形式。人权保护的缺乏，意味着种族政治成为事关生死的事情。"① 他认为，"正是在这一意义上，国际组织的目标不应当在西方自由的多元文化主义实践基础上为少数族群权利创立标准。而仅仅应该从个案的基础来防止和解决威胁到和平和稳定的种族冲突。自由的多元文化主义的理想应该延期，直到关于和平的基本要素，国家凝聚力和民主化已经完成"②。然而，事实上，正如 Andreas Wimmer 所揭示的那样，"作者在他书中所提出的政策建议中，他讨论了更多的，而不是更少的自由多元文化主义信条，不管上述条件是否具备。他为与自由的多元文化主义政策一致的方法辩护，克服了国际社会提供的零散的与之矛盾的方法"③。

然而，金里卡所谓的"后殖民国家"和"后共产主义国家"对少数族群权利保护的乏力，并不都是因为金里卡所分析的民主、人权、安

---

① Will Kymlicka, Review symposium: Reply, *Ethnicities*, Vol. 8, No.2 (2008), pp.278-279.

② Will Kymlicka, Review symposium: Reply, *Ethnicities*, Vol. 8, No.2 (2008), p.279.

③ Andreas Wimmer, Review symposium: The left-Herderian ontology of multiculturalism, *Ethnicities*, Vol. 8, No.2 (2008), p.256.

全等因素的缺乏，有相当大一部分国家，特别是具有经济上占主导地位的少数族群的国家，其种族冲突频发的原因更大程度上是由市场和民主全球化过程中所存在的张力引起的。也就是说，很多情况下，不是民主化程度不够，而是民主发展过了头。

蔡爱眉女士在《起火的世界》一书中，对这一矛盾进行了深入形象的论述。她指出："在全球化的支持者中盛行的一个观点是，市场和民主是包治欠发达国家百病的万能药方；市场资本主义是世上所知最有效的经济体系；民主是世上所知最公正的，也是最尊重个人自由的政治体系；市场和民主的携手并进，就会逐步将世界转化成一个繁荣的社区，远离战争的各国，并将个体转化成自由的、具有文明意识的公民和消费者。"[1] 但真实的情况是，在由少数族群主导市场的国家，少数族群掌握了绝大部分财富，在经济上处于优势地位，而多数族群的人在经济上陷于贫困境地，但民主却赋予他们政治力量。在掌握政治力量的多数人和在掌握财富的少数族群之间存在着持续不断的冲突。这些冲突表现为以下形式："在存在主导市场的少数族群的社会里推行自由市场，其结果几乎无一例外是遭到对抗。对抗的表现形式一般为三种：一是对市场的对抗，将主导市场的少数族群的财富当作靶子；二是亲市场的少数族群的力量对民主的对抗；三是对主导市场的少数族群本身实行的暴力，有时这种对抗是对第一种对抗形式的生动诠释。"[2]

在泰国、马来西亚、菲律宾，甚至在非市场化经济的柬埔寨和老

---

① 蔡爱眉，《起火的世界——输出自由市场民主酿成种族仇恨和全球动荡》，刘怀昭译，中国大百科全书出版社 2005 年版，"前言"第 10 页。

② 蔡爱眉：《起火的世界——输出自由市场民主酿成种族仇恨和全球动荡》，刘怀昭译，中国大百科全书出版社 2005 年版，"前言"第 12 页。

挞，作为少数族群的华人掌握了国家的经济命脉。华人在这些地区遭到了嫉恨，1998 年的印尼排华反华暴动是这一矛盾的集中体现。在拉美也有和东南亚类似的情况，除了阿根廷、智利和乌拉圭以外，基本上都是肤色统治，即少数白人控制着国家的经济命脉。在非洲，除了白人外，有部分土著族群在经济上也占有优势，肯尼亚的基库尤人、尼日利亚的伊博人、喀麦隆的巴米累克人、卢旺达的图西人、埃塞俄比亚的厄立特里亚人在经济上都比较成功。而在非洲的一系列种族冲突充分展现了民主与自由市场之间的紧张关系。蔡爱眉对非洲国家由于市场和民主的紧张关系所引发的种族冲突进行了生动的描述："1966 年在尼日利亚，成千上万的伊博人被疯狂的暴民不分青红皂白地疯狂杀戮。在埃塞俄比亚，相对富有的厄立特里亚人最近遭到集体驱逐。在喀麦隆，巴米累克问题被认为是这个国家现在'族群关系紧张的最决定性的根源'，喀麦隆的其他 200 多个族群对之都满怀敌意，甚至牧师们都站出来谴责巴米累克族对'穷人和弱者'的剥削。最后，在卢旺达，对图西族少数族群的集体大屠杀与他们由来已久的经济主导地位有内在关系。"① 在非洲，这些经济上比较成功的土著少数族群相对于亚洲移民来说，力量仍旧比较弱小。东非的印度人、西非的黎巴嫩人被称为"东非的犹太人""西非的犹太人"，分别控制着东非和西非的商业。他们同样遭到多数族群的憎恨，彼此之间时有冲突。在后共产主义的俄罗斯，作为少数族群的犹太人拥有很多财团，掌握着国家的大量财富，这同样引起国内的多次反犹运动，这促使大量犹太人移居到以色列和西方国家。在前南斯拉

---

① 蔡爱眉：《起火的世界——输出自由市场民主酿成种族仇恨和全球动荡》，刘怀昭译，中国大百科全书出版社 2005 年版，第 116 页。

夫，市场经济和民主政治的结果不是经济发展和政治进步，而是经济衰退、政治暴动、民众被操纵以及平民集体参与的大屠杀。①

　　由以上对金里卡所谓的拥有经济上占主导地位的少数族群的"后殖民国家"和"后共产主义国家"分析可以看出，这些国家并不是民主化程度不够，而是民主化进程过于迅猛，使经济上贫弱的多数族群利用手中的政治权力来排斥甚至迫害经济上占据主导地位的少数族群。因此，西方的自由民主并不能解决一切问题。金里卡认为，正因为少数族群处于不利处境，所以应该被赋予族群差异权利，问题是：不利处境是相对的。在少数族群主导经济的国家中，少数族群在经济上处于优势地位，但政治上处于不利地位；多数贫困的族群政治上处于优势地位，但经济上处于不利地位，那么少数族群和多数族群相比较，究竟谁更应该被赋予族群差异权利，这事实上是个道德难题。少数族群是否应该被赋予族群差异权利，以及应赋予什么样的、何种性质的族群差异权利，除非涉及种族清洗、种族屠杀等恶性事件，应该是每个国家主权范围内的事，而不应该受到西方标准的过多干预。

（三）西方视野的狭隘性

　　金里卡对少数族群权利理论国际化的分析中，强调国际组织的重要作用，他并不承认国际组织特别是全球层面的国际组织是西方国家的代言人，认为国际组织虽然在对一些国家和地区少数族群冲突的个案干预中，有武力干涉和武断的情况，但国际组织所应奉行的国际准则应

---

①　详细论证参见蔡爱眉：《起火的世界——输出自由市场民主酿成种族仇恨和全球动荡》，刘怀昭译，中国大百科全书出版社 2005 年版。

当是自由的多元文化主义基本理念的具体体现，从而也体现了公正的精神。

很显然，金里卡所谓的公正是自由主义的公正，他仍然是从西方自由民主国家的视野来看待世界问题，顶多是从国际视野来看待世界问题，而不是真正从世界的角度来看待问题。赵汀阳指出了国际视野的局限性，"国际性并不是理解世界政治的最好视界，因为它无法超越'际间'思维模式，也就无法超越国家视界，而国家视界对于世界问题来说无疑太小了，而且不可能是公正的视界，尤其是它甚至不可能为自身的合法性提供合法的论证，因为它不可能为世界着想"①。金里卡看待问题的西方视野，无疑具有狭隘性。赵汀阳所阐释的天下体系，则体现了中国政治哲学相较于西方政治哲学更有宏大的气魄，也在一定程度上指出了金里卡西方视野的局限性。"中国政治哲学从最大的眼界出发，从天下的规模去理解政治问题，而西方政治哲学（以现代政治哲学为准）则由最小眼界开始，以最小政治实体的权利为基础，这样的哲学只能解释如何维护个人权利和国家利益，却不能解释世界的政治制度和治理，不能解释如何维护人类价值和世界利益。"②

从世界的眼光看世界体现了中华文化所呈现出的关心全人类福祉和利益的博大胸怀。在对待少数族群权利国际化的问题上，显然这样的胸怀和视野，而不是国家视野或西方视野更有利于公正的实现。但光有这样的胸怀和视野是不够的，国际组织在处理具体的少数族群问题时，还应当考虑到"地方性知识"。格尔兹在其《地方性知识》一书中，分

---

① 赵汀阳：《天下体系》，江苏教育出版社 2005 年版，第 113 页。
② 赵汀阳：《天下体系》，江苏教育出版社 2005 年版，第 24 页。

析了东南亚不同的法律意识对司法实践的影响，指出，虽然东南亚的法律非宗教化了，但并不是有关法律的一切都改变了，人们的法律意识仍旧没有改变，而法律意识蕴含了丰富的地方性知识。他指出："法律，与英国上院议长修辞中那种密码式的矫情有所歧义，乃是一种地方性的知识：这种地方性不仅指地方、时间、阶级与各种问题而言，并且指情调而言——事情发生经过自有地方特性并与当地人对事物之想象能力相联系。我一向称之为法律意识者便正是这种特性与想象的结合以及就事件讲述的故事，而这些事件是将原则形象化的。"① 他通过分析伊斯兰的、印度的和普遍存在于马来——波利尼西亚的马来部分所谓习惯法的那种法律意识——来说明地方性知识的重要性。他指出，正是 haqq、dhamma、adat② 使伊斯兰、印度和马来呈现出不同的法律意识，进而使其司法实践中最为重视的因素呈现出很大的差异。③

格尔兹对于地方性知识的分析，虽然并非针对少数族群权利国际化，但在一定意义上能够帮助我们发现金里卡理论的缺陷。金里卡试图通过体现自由的多元文化主义宗旨的国际准则来处理世界各地的少数族群问题，虽然他也主张发挥地区性国际组织的作用，但这只是权宜之计，最终，处理少数族群问题的方式仍旧不能背离自由的多元文化主义的要求。显然，他并没有对他所谓的非自由民主国家的地方性知识给予

---

① ［美］克里福德·吉尔茨：《地方性知识——阐释人类学论文集》，王海龙、张家瑄译，中央编译出版社 2004 年版，第 273 页。该作者与《文化的解释》一书的作者格尔兹是同一人。
② 哈克（haqq），在伊斯兰地区其意为"真情"并且比"真情"更为丰富的内涵；达摩（dhamma），在印度语地区其义为"职责"，该词同样比"职责"具有更为丰富的内涵；以及阿达特（adat），在马来西亚，其义为实践，其含义事实上也决不仅限于"实践"。
③ 详细论证见：［美］克里福德·吉尔茨：《地方性知识——阐释人类学论文集》，王海龙、张家瑄译，中央编译出版社 2004 年版，第 222—296 页。

应有的重视。在全球普及自由的多元文化主义少数族群理论，很大程度上只能是天真的幻想。

　　总之，要克服在少数族群权利国际化问题上西方视野的狭隘性，不仅需要世界主义的胸怀和眼光，而且需要充分重视地方性知识。

第 五 章
金里卡少数族群权利理论的现实观照
——基于欧洲福利国家困境的分析

　　理论是否具有说服力，最终还是要靠现实来检验。本章试图通过分析欧洲福利国家困境与多元文化主义政策的关系，来对金里卡少数族群权利理论进行现实的观照。

第一节　欧洲福利国家^① 的多元文化
主义政策及其 "反弹"

　　当前在处理移民问题的政策上，欧洲福利国家遵循以下几种模式：同化（assimilation）模式、分化排斥（differential exclusion）模式和多元文化主义（multiculturalism）模式。其中，同化模式以法国的"共和

---

① "欧洲福利国家"指西欧、北欧国家，而不包括中、东欧和南欧国家。本文所指的"欧洲福利国家"限定于西欧和北欧国家。

主义"为代表。丹麦的移民政策也是以"同化"为其准则的。同化模式承认移民长期存在的事实，并为其提供法律制度保障，促使其融入主流社会，同时要求其接受自由民主国家的基本理念，放弃其原本的生活方式和民族特性，认同、效忠于其迁入国。在 1945—1973 法国"共和模式"的蜜月期①，法国的"共和同化"模式取得了很大成功，几乎所有的外国移民都成功同化为法兰西公民。但是，从 20 世纪 70 年代以来，随着非欧洲移民特别是穆斯林移民的大量涌入，法国事实上成为一个多元文化国家，法国的移民政策主要倾向还是共和模式，法国虽然不承认多元文化主义这一概念，但其政策事实上已经出现了在共和主义和多元文化主义之间的摇摆。丹麦同样如此，正如有学者所指出的"丹麦人的丹麦属于过去，在现在和全球化的将来是不可能的"②。分化排斥模式以德国为典型，"分化排斥模式是指在特定的功能或目标下接受外来移民，外来移民是前来工作而不是永居；是个体而不是携带家庭或组成社区；是临时旅居而不是打算长期居住。在这种模式下，外来移民在原则上是可以纳入特定福利体系，但被排斥在政治参与之外。"③ 客籍工人制度便是分化排斥模式的集中体现。随着家庭团聚移民以及难民、高技术移民、非法移民的大规模出现，德国也不得不做一些妥协，其 2000 年颁布的新《国籍法》在德国历史上第一次有条件地承认了双重国籍，将传统的确定国籍方式由"血统论"改为"出生地论"。2005 年 1 月生效

---

① 借用李明欢教授在《"共和模式"的困境——法国移民政策研究》（《欧洲研究》2003 年第 4 期）中的说法。

② Steven Vertovec and Susanne Wessendorf ed., The Multiculturalism Backlash: European discourses, policies and practices, London and New York: Routledge Press, 2010, 114.

③ 黄叶青、彭华民：《迁移与排斥：德国移民政策模式探析》，《欧洲研究》2010 年第 5 期。

的《新移民法》，在其分化排斥原则的基础上，部分地融入了多元文化主义的因素。有学者预测："德国政府在可预见的未来，将会转向一种非常明显的公共政策，即承认和促进多样性。"① 瑞典、英国、荷兰在对待移民的政策上，则采取比较典型的多元文化主义政策。从上述分析不难看出，欧洲福利国家在对待移民问题上，或者积极地贯彻多元文化主义的原则，或者不承认官方意义上的多元文化政策，但在具体的政策实践中，则或多或少地出现了向多元文化主义靠拢或妥协的趋势。

　　进入新世纪以来，在欧洲福利国家，多元文化主义似乎出现了"反弹"（backlash）② 的趋势。政界、知识界、民间均发出恐外、排外的声音，采取了恐外、排外的行动。非欧洲移民和本土人之间出现了一定程度的敌视和不信任。2010 年 10 月 17 日，德国总理默克尔在一次演说时称，德国构建多元文化社会、让拥有不同文化背景的人一起生活的努力"彻底失败"，德国人和外国劳工能"快乐地并肩生活在一起"是一种不切实际的幻想。紧接着，在 2011 年 2 月，法国、英国、荷兰也相继宣布本国多元文化主义失败。③2005 年犹太裔女学者贝特·叶奥《欧拉伯》一书的出版以及由其在欧洲学界引起了广泛争论。叶奥认为："欧洲政治已被阿拉伯绑架"。继该书后，围绕同一主题的著作相继问世：2007 年 6 月英国资深记者梅勒惊尼·菲利普斯（Melanie Phillips）出版：《伦敦斯坦：伦敦如何在内部制造一个恐怖的城邦》，还有《欧洲

---

① 　Steven Vertovec and Susanne Wessendorf ed., The Multiculturalism Backlash：European discourses，policies and practices，London and New York：Routledge Press，2010，163.

② 　在 Steven Vertovec and Susanne Wessendorf 编写的 "The Multiculturalism Backlash：European discourses，policies and practices"（London and New York：Routledge Press，2010）一书中，对这一"反弹"趋势有较为详尽的论述。

③ 　董玉洁：《多元文化主义在欧洲，一场游戏一场梦》，《世界知识》2010 年第 16 期。

末日：古老大陆的墓志铭》、《衰落与垮台：欧洲的慢性自杀》、《投降：牺牲自由，取悦伊斯兰》等。① 在民间则出现了移民，特别是穆斯林移民的抗争以及针对穆斯林的暴力行为。荷兰 2002 年富图恩、2004 年著名导演凡·高的被杀害，均是因为其强反移民特别是反穆斯林立场。2005 年伦敦地铁爆炸案、2006 年法国巴黎骚乱均为穆斯林移民对主流社会的抗争。2011 年法国颁布公共场所禁戴头巾令的当天，就遭到了穆斯林妇女的集会抗议。以上事件均为外来穆斯林移民对主流社会的反抗。2011 年发生在丹麦于特岛的暴力枪杀案则是土生土长的基督教原教旨主义者布莱维克所为，这次暴力枪杀案造成 77 人死亡，多人受伤。布莱维克在他的《2083——欧洲独立宣言》中声称，他并不反对"多元文化主义"，而是反对"穆斯林进入欧洲"。"而现在，西欧有多至 80 名像布莱维克这样的'独狼'，准备发动袭击。这些人的存在证明，对多元文化主义的憎恨在欧洲一些人心中已经植根。"②

对多元文化主义的反对，有很多原因。本书仅从多元文化主义政策对欧洲福利国家的冲击这一角度来进行探讨。

第二节　欧洲福利国家困境中的多元文化主义政策质疑及辩护

无疑，移民对欧洲福利国家造成一定程度的冲击，在 2016 年 6 月

---

① 李明欢：《国际移民政策研究》，厦门大学出版社 2011 年版，第 236—238 页。
② 董玉洁：《多元文化主义在欧洲，一场游戏一场梦》，《世界知识》2010 年第 16 期。

23—24 日英国的脱欧公投中，脱欧派以微弱优势胜出，自此英国脱离欧盟。脱欧派的一个很主要的理由也是大量移民的涌入，对本国经济发展以及安全造成了冲击。但如前所述，当前欧洲福利国家处理移民问题的政策有同化模式、分化排斥模式、多元文化主义模式。我们不能把移民对福利国家造成的所有冲击都转嫁到多元文化主义政策头上。在以分化排斥政策为主的德国和以共和主义模式为主的法国同样存在着高失业率，而移民失业率又远远高于本土居民的现象，造成这一现象的最根本原因是欧洲各国经济的衰退，而移民所从事的行业大多是简单的、低技术含量的行业，这些行业更容易受到经济发展形势的冲击。也就是说，不管实行何种政策，移民的存在都会增加福利国家的社会支出。但关键是，移民在推动欧洲经济发展的过程中，无疑起到了至关重要的作用。其享受到的福利是对其贡献的合理补偿。

最近几年，针对欧洲福利国家所出现的困境，学界、政界对多元文化主义政策存在的合理性进行了质疑。其质疑主要集中于以下三个方面：其一，用于"承认"的资源挤占了用于"再分配"的资源。即国家把本该用于经济上再分配的时间、精力、金钱用在了多元文化主义政策的"承认"问题上。其二，多元文化主义政策侵蚀了欧洲福利国家赖以存在的信任和社会团结。其三，多元文化主义政策关注消除文化不平等或种族、人种上的不平等，而忽略了经济不平等、政治不平等等方面的不平等。这些质疑是否站得住脚呢？

一、用于"承认"的资源是否挤占了用于"再分配"的资源

关于这一点，我们用英国和荷兰两国的例子来说明。尽管英国也出现了反对多元文化主义政策的声音和行动，但从实践角度来看，英国

的多元文化主义政策得到了长足的发展，公民对多元文化主义政策的认同感呈现增强的趋势。和其他国家一样，英国的福利开支在缩减。荷兰的多元文化主义政策则在衰退，福利开支在缩减。英国从80年代开始的民意调查显示，人们到了90年代后都不再介意一个合格的黑人或亚洲人做其老板。以前人们曾经介意种族间的相互通婚，但从1996年开始，这一数据基本消失了。英国1995年和2003年跨度八年的调查问卷，在问及人们"对移民的态度倾向于整合还是多元文化主义"时，人们更多地还是倾向于整合，但是在1995年到2003年之间整合和多元文化主义之间的鸿沟下降了15%，另一个问题是民众对政府加大多元文化主义资助的态度。每一年份，人们都不赞同。但是，反对的比例从1995年的58%下降到2003年的51%，尽管大多数人仍然是反对的，但没有证据证明人们对这些政策持敌视态度。① 这表明，英国民众对多元文化主义政策的支持度在提高。从90年代开始，人们对再分配的支持在减弱，但这是否意味着用于承认的资源挤占了用于再分配的资源呢？"对再分配的支持和应该为改善少数族群的境况做出更多努力的相关性从1974年的0.11降到1993年的0.06。类似地，对福利支出的支持与对多元文化主义的支持的相关性从1995年的0.12降到2003年的0.09。有很清楚的证据表明，福利国家和多元文化主义政策之间的相关性并没有加强。"② 在荷兰，则出现了多元文化主义政策和福利开支

---

① 具体论述，参见 Keith Banting and Will Kymlicka ed., Multiculturalism and the Welfare State Recognition and Redistribution in Contemporary Democracies, Oxford: Oxford University Press, 2006: 161。

② Keith Banting and Will Kymlicka ed., Multiculturalism and the Welfare State Recognition and Redistribution in Contemporary Democracies, Oxford: Oxford University Press, 2006: 167.

的双双下滑。20世纪80年代，荷兰多元文化主义的典型特征是在多样性和平等之间的精妙平衡。但新世纪以来，荷兰的政策倾向渐渐转移到促进更多的平等，即使这以牺牲多样性为代价。荷兰当局采取各种措施来强化移民对荷兰的政治认同，而不是对其母国或族群的认同。例如，强化他们的整合课程，或不再继续一些多元文化主义课程；采取严格而昂贵的归化政策，对移民进行语言掌握熟练程度和对荷兰社会了解程度的测试。2005年，荷兰当局甚至禁止女性在公共场所佩戴头巾。在福利开支方面，"在过去的20年，公共社会开支占GDP的比例大约缩减了1/15，特别是在社会保障受益人数方面的下降。"① 但是，公共社会开支的下降并不能归咎于移民。移民和荷兰本土人在医疗上并没有差异，在高等教育的开销上，用于非西方背景移民的开支要低于普通的荷兰人。还有养老金制度，超过65岁的非西方背景的移民比较少，因此他们的开销就很少。除此之外，超过65岁的非西方背景的移民因为经济贡献不够，而不能从这里领取养老金。由此可见，荷兰的多元文化主义政策和福利支出出现了双双下滑，但二者之间并不具有相关性。

二、多元文化主义政策是否削弱了福利国家赖以支撑的社会信任和社会团结

西欧和北欧的公民在历史上是支持福利国家的，并且愿意为处于不利处境的公民做出牺牲。因为他们认为这些公民是"我们中的一员"，由共同的认同和共同的忠诚感结合在一起。然而，多元文化主义政策被

---

① 这一数据是来2006年之前的统计，参见 Keith Banting and Will Kymlicka ed., Multiculturalism and the Welfare State Recognition and Redistribution in Contemporary Democracies, Oxford: Oxford University Press, 2006: 198。近些年，荷兰在进一步缩减福利开支。

一些人认为削弱了这一共同的认同感。这一观点的背后隐藏着这样的假设：在国家采纳多元文化主义政策之前，不同种族之间有着高度的信任和团结，而当前，它正在被或慢或快地侵蚀掉。然而，从历史上来看，欧洲福利国家通常采纳排外和同化政策，因为在不同的种族之间几乎没有信任和团结。统治民族认为移民对其造成威胁，或者对他们的幸福根本不关心，因此试图对其进行同化、排斥、剥削，或剥夺其权利。这反过来，又导致了少数族群对统治者的不信任。由此可见，多元文化主义并不是不同种族之间不信任或相互敌视的源头。相反，在很多情况下，采取多元文化主义政策是试图消除或减少之前存在的族群之间的不信任和不团结。通过多元文化主义政策，国家既鼓励统治者不要害怕或轻视包括移民在内的少数族群，同时鼓励少数族群信任主流社会。通过承认历史上对少数族群存在偏见和歧视的不公正现象，国家承诺履行一定的公共责任来补偿其历史上带给少数族群的伤害。近些年欧洲各国本土人和移民之间友谊的增强，异族通婚比例的不断攀升，为多元文化主义并没削弱社会信任提供了佐证。但由于多元文化主义更加强调差异、多元的一面，无形之中在各族群之间树立了屏障。这容易导致特定少数族群聚居地的"巴尔干化"，在英国、法国、德国均存在外国移民及其后裔聚居的"贫民窟"，这些人对主流社会存在着不信任感。前面提到的由种族问题引发的各种冲突是这种不信任感的体现，也是社会团结被削弱的体现。但是，我们不能过分放大这些因素的消极影响，从整体而言，欧洲公民之间的信任程度和社会团结程度是比较高的，而且呈现出进一步提高的趋势。

三、多元文化主义政策过分重视文化不平等，而忽视了经济不平等、社会不平等等其他方面的不平等吗

认为多元文化主义过分重视文化不平等，而忽视其他方面不平等观点的人，仅仅在"认同"或"承认"的层面上来理解多元文化主义，这是社群主义形式的多元文化主义流派的核心主张。当下更有影响力的自由主义形式的多元文化主义不仅包括"承认"，还包括"再分配"，诚如金里卡先生所言："如果仅仅把多元文化主义当作象征性承认的观点是错误的，那么把其仅仅视为阶级斗争的伪装形式也是错误的。少数族群通常同时遭受着政治、经济和文化上的排斥，这些排斥形式复杂多样，多元文化主义政策处理这些问题时应该考虑到其复杂性。"① 欧洲福利国家的多元文化主义政策，不仅考虑到了文化上的不平等，还考虑到了经济、政治、社会方面的不平等。肯定性行动、双语政策便是其具体体现。

另一方面，持这种观点的人认为：经济、政治、社会的不平等或者不重要或者根源于文化上的不平等。正义感是一种零和博弈。使人们增强其中一方面的正义感，将会削弱另一方面的正义感。对这一点，金里卡提出了质疑："这种观点认为，人们对种族或性别比较敏感的话，就可能对阶级不平等、文化不平等等方面不敏感，反之亦然。但这是正确的吗？不同方面的正义感有没有可能相互强化呢？例如，有些人对有些种类的正义比较敏感的话，是否对其他方面的正义也比较愿意考虑呢？

---

① Will Kymlicka, *Multicultural Odysseys*: *Navigating the New International Politics of Diversity*, Oxford: Oxford University Press, 2007: 81.

或者相反，有些人对种族不正义不敏感的话，对其他不正义，比如性别和阶级也会不敏感呢?"①

第三节　多元文化主义政策与欧洲
福利国家关系的制约因素

从经验层面来看，多元文化主义政策和欧洲福利国家是紧密联系在一起的，而从逻辑层面来看，多元文化主义政策与福利国家之间并没有正相关或负相关的关系，有另外一些因素，影响到二者的关系。

其一，国家建构能力。多元文化主义和福利国家都需要强大的国家，两者要想发生关联，必须有其他因素在起作用。一个最基本的要求是新来的移民对其国家的强烈认同。另一个因素就是足够程度的社会信任，来共同支持对社会的构建。正如亨廷顿所言，"各国之间最重要的政治分野，不在于它们政府的形式，而在于它们政府的有效程度"②。同为实行多元文化主义政策的国家，英国、瑞典在移民融入方面就做得比荷兰成功。其很大程度上在于英国和瑞典比荷兰有更强的国家建构能力，国家能够培养移民对其更大程度上的忠诚感，在移民和主流社会之间，也能建立起较为充分的信任。多元文化主义政策在法国和德国虽然声音比较弱，但其移民的融入程度以及对主流社会的认同感并不比

---

① Keith Banting and Will Kymlicka ed., Multiculturalism and the Welfare State recognition and redistribution in Contemporary Democracies, Oxford: Oxford University Press, 2006: 19.

② [美] 塞缪尔·亨廷顿:《变化社会中的政治秩序》，王冠华等译，上海世纪出版集团2008年版，第1页。

英国、瑞典弱，同样在于其拥有比较强大的政府，比较强的国家建构能力。

其二，超国家理念。当前欧洲福利国家，存在着开放的社会与封闭的边界之间的矛盾，尽管欧盟做出了一定程度的努力，《申根协定》、《马斯特里赫特条约》都为欧洲移民政策的一体化奠定了基础。在具体行动上，欧盟有三项行动：承认成员国的劳工资格，在承认劳工技术资格的同时，为移民劳工及其子女的社会保障做出安排，另外，"一个成员国的劳工，不管以前是否曾在另一成员国就业，都可以根据转包合同规定，从母国自由进入另一成员国就业。"① 但在具体落实方面，却并不尽如人意。在移民利益、欧盟利益与欧洲福利国家的利益发生冲突时，欧洲各国仍然是以国家利益为重的。究其实质，在于欧洲福利国家在制定政策时，仍然是从西方自由民主国家的视野来看待世界问题、顶多是从国际视野来看待世界问题，而不是真正从世界的角度来看待问题。欧洲福利国家对待移民问题的西方视野，无疑具有狭隘性。在对待移民问题上，建立在世界视野基础上的超国家理念更有利于欧洲福利国家移民问题的解决，更有利于公正的实现。

其三，"文明冲突论"的成见。从当前的人口生态来看，法国的穆斯林人口（500—600）万，占总人口6230万的10%，德国300万，占总人口8250万的3.7%，英国160万，占总人口5880万的2.8%，荷兰94.5万，占总人口1630万的5.4%，瑞典30万，占总人口900万的3%，丹麦27万，占总人口540万的3%。② 欧洲国家的穆斯林移民在不断增

---

① 梁茂信：《现代欧美移民与民族多元文化研究》，商务印书馆2011年版，第102页。
② 李明欢：《国际移民政策研究》，厦门大学出版社2011年版，第395—397页。

长，并且青壮年移民占据较大比例。这让人口出生率下降、老龄化现象严重的欧洲福利国家一方面需要大量引进穆斯林移民来充实其劳动力市场，另一方面又对其惶恐不安。当下关于多元文化主义政策削弱福利国家的各种指责，体现了欧洲福利国家对伊斯兰文明冲击基督教文明的担忧。亨廷顿在其《文明的冲突与世界秩序的重建》一书中，表达了其强烈反对移民的立场："在当今世界上，对社会安全的最大威胁是来自移民"① [10] (PP. 150-151)，并把穆斯林视为对西方文明的最大威胁。"'欧拉伯'之说可谓亨廷顿'文明冲突论'的欧洲版，是欧、美、以社会中的右翼势力分化欧阿友好力量，挑拨欧阿关系，要挟欧洲彻底放弃温和的多元文化主义的一柄利剑。"② 欧洲福利国家，只在欧洲基督教文明内部对话，而缺乏对异文化、异宗教的宽容。而超越民族、语言、宗教和文化对立的交流一直是人类历史的一个显著特性。只有真正实现了文化对话，欧洲福利国家才能不再视穆斯林移民为"他者"，才能在再分配过程中，平等对待穆斯林移民和欧洲本土人。

---

① ［美］塞缪尔·亨廷顿：《文明的冲突与世界秩序的重建》，周琪等译，新华出版社 2002 年版，第 150—151 页。

② 李明欢：《欧拉伯：现实、缘起与反思》，《读书》2010 年第 2 期。

余　论

　　毫无疑问，金里卡自由的多元文化主义政治思想有助于推动当代西方政治思潮的发展，也为西方自由民主国家处理族群关系提供了理论依据。建立在自由的多元文化主义基础上的少数族群权利理论，在一定程度上克服了自由主义普适性公民权利理论的局限性，但这一理论是建立在自由主义基本原则基础上，其实质是对自由主义公民权利理论一定程度上的修补，而不是超越。

　　金里卡对少数族群权利的设计很精妙，从逻辑上讲也比较周严，但事实上只是适用于西方自由民主国家，而对"后共产主义国家"和"后殖民国家"（引用金里卡的界定）并不适用。金里卡自己也意识到了这一点，并给出了自己的解释。但他仍旧对自由的多元文化主义少数族群权利模式充满信心，认为"后共产主义国家"和"后殖民国家"应当把实施自由的多元文化主义少数族群权利模式作为其长远的目标，不断向这一目标靠近。

　　很显然，像西方很多自由主义者一样，金里卡的思想具有很强烈的普遍主义倾向，他同样认为西方的自由民主价值是最好的价值，自由的多元文化主义少数族群权利理论作为西方自由民主理念在国家处理族群关系上的具体体现，理应在全球普及。这是我们应当警惕的。

不可否认，金里卡自由的多元文化主义少数族群权利理论对我国处理少数民族与国家的关系同样具有一定的启发性，但我们切不可机械套用西方模式，或其他任何模式，而应根据自身的民族特点，保持自己制度的特色。同时，不能够盲目排外，对国外的一些有益的经验，应该批判地借鉴吸收。

少数民族区域自治制度是符合我国国情的政治制度，它有利于各民族的团结和共同发展，是我们应该长期坚持的制度，而不应该代之以金里卡所倡导的多民族联邦制。"多元一体"格局是我国各族人民以及人类学者、政治学者长期实践和理论探索的产物，它体现了"和而不同"的理念，与自由的多元文化主义"异中求和"[①] 的理念有着本质的不同。

中西、古今、各族群文化的交汇，促进了人类文化的繁荣，只有拥有"各美其美，美人之美、美美与共"的胸怀，才能真正实现"天下大同"。

---

① 此处借用常士闿教授的概括。

参考文献

外文著作类：

金里卡著作：

1. Will Kymlicka, *Multicultural Odysseys：Navigating the New International Politics of Diversity*, Oxford：Oxford University Press, 2007.

2. Will Kymlicka, *Contemporary Political Philosophy：An Introduction*. Second Edition, Oxford：Oxford University Press, 2002.

3. Will Kymlicka, *Politics in the Vernacular：Nationalism, Multiculturalism and Citizenship*, Oxford：Oxford University Press, 2001.

4. Will Kymlicka, *Finding Our Way：Rethinking Ethnocultural Relations in Canada*, Oxford：Oxford University Press, 1998.

5. Will Kymlicka, *Multicultural Citizenship：A Liberal Theory of Minority Rights*, Oxford：Oxford University Press, 1995.

6. Will Kymlicka, *Contemporary Political Philosophy：An Introduction*, Oxford, Oxford University Press, 1990.

7. Will Kymlicka, *Liberalism, Community and Culture*, Oxford: Oxford University Press, 1989; reprinted in paperback, 1991.

8. Andrew Bailey, Samantha Brennan, Will Kymlicka, Jacob Levy, Alex Sager and Clark Wolf ed., *The Broadview Anthology of Social and Political Thought*, Peterborough: Broadview Press, 2008.

9. Will Kymlicka and Bashir Bashir ed., *The Politics of Reconciliation in Multicultural Societies*, Oxford: Oxford University Press, 2008.

10. William M. Sullivan and Will Kymlicka ed., *The Globalization of Ethics: Religious and Secular Perspectives*, Cambridge: Cambridge University Press, 2007

11. Will Kymlicka and Baogang He ed., *Multiculturalism in Asia*, Oxford: Oxford University Press, 2005.

12. Will Kymlicka and Magda Opalski ed., *Can Liberal Pluralism be Exported? Western Political Theory and Ethnic Relations in Eastern Europe*, Oxford: Oxford University Press, 2001.

13. Will Kymlicka and Wayne Norman ed., *Citizenship in Diverse Societies*, Oxford: Oxford University Press, 2000.

14. Keith Banting and Will Kymlicka ed., *Multiculturalism and the Welfare State Recognition and Redistribution in Contemporary Democracies*, Oxford: Oxford University Press, 2006.

15. Bruce Berman, Dickson Eyoh and Will Kymlicka ed., *Ethnicity and Democracy in Africa*, Ohio: James Currey Publishers and Ohio University Press, 2004.

16. Will Kymlicka and Alan Patten ed., *Language Rights and Political Theory*, Oxford: Oxford University Press, 2003.

17. Will Kymlicka ed., *The Rights of Minority Cultures*, Oxford: Oxford University Press, 1995.

相关研究著作:

1. C.W.Waston, "*Multiculturalism*", Buckingham: Open University Press, 2000.

2. Joseph H.Carens, *Culture*, *Citizenship*, *and Community*, Oxford: Oxford University Press, 2000.

3. James Tully, *Strange Multiplicity*, Cambridge: Cambridge University Press 1995.

4. Charles Taylor, *Examining the Politics of Recognition*, Princeton: Princeton University Press, 1994.

5. Baogang He, Brian Galligan, Takashi Inoguchi ed., *Federalism in Asia*, Massachusetts: Edward Elgar Publishing, 2007.

6. Patricia M. Goff and Kevin C., *Dunn*, *Identity and Global Politics: Empirical and Theoretical Elaborations*, New York: Palgrave Macmillan Press, 2004.

7. Santosh C. Saha ed., *the Politics of Ethnicity and National Identity*, Washington: Oxford University Press, 2007.

8. Tariq Modood, "*Multiculturalism*", Malden: Polity Press, 2007.

9. Moshe Gammer ed., *Community*, *Identity and the State: Comparing Africa*, *Eurasia*, *Latin America and the Middle East*, London and New York, Routledge Press, 2004.

10. Haldun Gulalp ed., *Citizenship and Ethnic Conflict*, London and New York: Routledge Press, 2006.

11. Anthony Simon Laden and David Owen ed., *Multiculturalism and Political theory*, Cambridge: Cambridge University Press, 2007.

12. Ramon Maiz and Ferran Requejo ed., *Democracy*, *Nationalism and Multiculturalism*, London and Newyork: Frank Cass Press, 2005.

13. Diarmait Mac Giolla Ghriost, *Laguage*, *Identity and Conflict*: *A comparative study of language in ethnic conflict in Europe and Eurasia*, London and New York: Routledge Press, 2003.

14. Siobhan Harry and Michael Murphy, *In Defence of Multinational Citizenship*, Aberystwyth: University of Wales Press, 2005.

15. Steven C.Roach, *Culture Autonomy*, *Minority Rights and Globalization*, Hampshire: Ashgate Publishing Company, 2005.

16. Haldun Gulalp, *Citizenship and Ethnic Conflict*: *Challenging the nation-state*, London and New York: Routledge Press, 2006.

17. Susan J. Henders, *Democratization and Identity*: *Regime an Ethnicity in East and Southeast Asia*, Oxford: Oxford Press, 2004.

18. Sandra Fullerton Joireman, *Nationalism and Political Identity*, London and New York: Continuum, 2003.

19. Alvin J.Schmidt, *The Menance of Multiculturalism*: *Trojan Horse in America*, West-port: Praeger, 1997.

20. Bhikhu Parekh, *Rethinking Multiculturalism*, Cambridge and Mass: Harvard University Press, 2000.

21. Will Kymlicka, *international approches to govern ethnic diversities*, Oxford: Oxford University press, 2015.

22. Will Kymlicka, *Identical politics in the public realm*, UBC press, 2011.

外文论文类：

金里卡论文：

1. Will Kymlicka, "The Rise and Fall of Multiculturalism? New Debates on Inclusion and Accommodation in Diverse Societies", *in International Social Science Journal*, forthcoming.

2. Will Kymlicka, "Categorizing Groups, Categorizing States: Theorizing Minority Rights in a World of Deep Diversity", *Ethics and International Affairs*, Vol. 23, No.4 (2009).

3. Will Kymlicka, *The Governance of Religious Diversity: The Old and the New*, *in Paul Bramadat and Matthias Koenig (eds)*, McGill-Queen's University Press, 2009.

4. Will Kymlicka, The Internationalization of Minority Rights, ICON: *International Journal of Constitutional Law*, Vol. 6, No.1 (2008).

5. Will Kymlicka, " Liberal Multiculturalism: Western Models, Global Trends and Asian Debates", *Multiculturalism in Asia*, ed. Will Kymlicka and Baogang He (Oxford University Press, 2005).

6. Will Kymlicka, "Nation-Building and Minority Rights: Comparing Africa and the West", *Ethnicity and Democracy in Africa*, ed. Bruce Berman, Dickson Eyoh and Will Kymlicka (James Currey Publishers and Ohio University Press, 2004).

7. Will Kymlicka, Being Canadian, *Government and Opposition*, Vol. 38, No.3 (2003).

8. Will Kymlicka, Multiculturalism and Welfare, *Dissent*, Vol. 50, No.4 (2003).

9. Will Kymlicka, Beyond the Indigenous/Minority Dichotomy?, in Alexandra Xanthaki and Stephen Allen (eds) *Reflections on the UN Declaration on the Rights of Indigenous Peoples* (Hart Publishing), forthcoming.

10. Will Kymlicka, Will Kymlicka on Minority Rights, in David Edmonds and Nigel Warburton (eds.) *Philosophy Bites* (Oxford University Press, forthcoming), pp. 78-87.

11. Will Kymlicka, Transitional Justice, Federalism, and the Accommodation of Minority Nationalism, in Paige Arthur (ed.) *Identities in Transition* (Cambridge University Press, forthcoming).

12. Will Kymlicka, " Liberal Multiculturalism and Human Rights", "Ferran Requejo and Miquel Caminal" (eds.) *Political Liberalism and Multinational Democracies* (Routledge), forthcoming.

13. Will Kymlicka, Testing the Liberal Multiculturalist Hypothesis: Normative Theories and Social Science Evidence, *Canadian Journal of Political Science* Vol. 43, No.2 (2010).

14. Will Kymlicka, National Identity and Support for the Welfare State, *Canadian Journal of Political Science* Vol. 43, No.2 (2010), [co-authored with Richard Johnston, Keith Banting and Stuart Soroka].

15. Will Kymlicka, Canadian Multiculturalism: Global Anxieties and Local Debates, *British Journal of Canadian Studies*, Vol. 23, No.1 (2010), 43-72 (co-authored with Keith Banting).

16. Will Kymlicka, Review symposium: Reply, *Ethnicities*, Vol. 8, No.2 (2008).

17. Will Kymlicka, Do We Need A Liberal Theory of Minority Rights? Reply To Carens, Young, Parekh and Forst, *Constellations* Vol. 4, No.1 (1997).

18. Will Kymlicka, Multicultural States and Intercultural Citizens, *Theory and Research in Education*, Vol. 1, No.2 (2003).

19. Will Kymlicka, "National Minorities in Post-Communist Europe: The Role of International Norms and European Integration" in Zoltan Barany and Robert Moser (eds) *Ethnic Politics After Communism* (Cornell University Press, Ithaca, 2005).

20. Will Kymlicka, Nation-Building and Minority Rights: Comparing East and West, *Journal of Ethnic and Migration Studies* Vol. 26, No.1 (2000).

21. Will Kymlicka, Minority Rights and the New International Politics of Diversity, *Social Philosophy Today series* Vol. 23 (2008).

22. Will Kymlicka, National Cultural Autonomy and International Minority Rights Norms, *Ethnopolitics*, Vol. 6, No.3 (2007).

23. Will Kymlicka, Immigration, Multiculturalism and the Welfare State, *Ethics and International Affairs*, Vol. 20, No.3 (2006).

24. Will Kymlicka, The Uncertain Futures of Multiculturalism, *Canadian Diversity*, Vol. 4, No.1 (2005).

25. Will Kymlicka, Marketing Canadian Pluralism in the International Arena, *International Journal*, Vol. 59, No.4 (2004).

26. Will Kymlicka, Being Canadian, *Government and Opposition*, Vol. 38, No.3 (2003).

27. Will Kymlicka, Multicultural States and Intercultural Citizens, *Theory and Research in Education*, Vol. 1, No.2 (2003).

28. Will Kymlicka, Federalism and Secession At Home and Abroad, *Canadian*

Journal of Law and Jurisprudence Vol. 13，No.2 (2000).

29. Will Kymlicka，Nation-Building and Minority Rights：Comparing East and West，*Journal of Ethnic and Migration Studies*，Vol. 26，No.2 (2000).

30. Will Kymlicka，Human Rights and Ethnocultural Justice，*Review of Constitutional Studies*，Vol. 4，No.2 (1998).

31. Will Kymlicka，Introduction：An Emerging Consensus?，*special issue of Ethical Theory and Moral Practice on "Nationalism，Multiculturalism and Liberal Democracy"*，Vol. 1，No.2 (1998).

32. Will Kymlicka，Living Together：International Aspects of Federal Systems，*Canadian Foreign Policy*，Vol. 5，No.1 (1997).

33. Will Kymlicka，Do We Need a Liberal Theory of Minority Rights?，*Constellations*，Vol. 4 No.1 (1997).

34. Will Kymlicka，Interpreting Group Rights，*The Good Society*，Vol. 6，No.2 (1996).

35. Will Kymlicka，Two Models of Pluralism and Tolerance，*Analyse & Kritik*，Vol. 14，No.2 (1992).

36. Will Kymlicka，The Rights of Minority Cultures：Reply to Kukathas，*Political Theory*，Vol. 20，No.1 (1992).

37. Will Kymlicka，Liberalism and the Politicization of Ethnicity，*Canadian Journal of Law and Jurisprudence*，Vol. 4 No.2 (1991).

38. Will Kymlicka，Liberal Individualism and Liberal Neutrality，*Ethics*，Vol. 99，No.4 (1989).

39. Will Kymlicka，Liberalism and Communitarianism，*Canadian Journal of Philosophy*，Vol.18，No.2 (1988).

相关研究论文：

1. Bart van Leeuwen, Social attachments as conditions for the Good Life? A Cricique of Will Kymlicka's moral monism, *Philosophty Social Criticism*, Vol.32, No.3 (2006).

2. Chandran Kukathas, Multiculturalism as Fairness: Will Kymlicka's Multicultural Citizenship, *The Journal of Political Phylosophy*: Vol. 5, No. 4 (1997).

3. Iris Marion Young, A Multicultural Continuum: A Critical of Will Kymlicka's Ethnic-Nation Dichotomy, *Constellations* Vol. 4, No.1 (1997).

4. Gwendolyn Sasse, Kymlicka's Odysseys—lured by norms into the rocks of politics, *Ethnicities*, Vol. 4, No.2 (2008).

5. Chandran Kukathas, Multiculturalism as Fairness: Will Kymlicka's Multicultural Citizenship, *The Journal of Political Phylosophy*: Vol.5, No. 4 (1997).

6. Andreas Wimmer, Review symposium: The left-Herderian ontology of multiculturalism, *Ethnicities*, Vol. 8, No.2 (2008).

7. Rainer Bauböck, Review symposium: Multicultural Odysseys: Navigating the New International Politics of Diversity by Will Kymlicka: The global odysseys of liberal multiculturalism, *Ethnicities*, Vol. 8, No.2 (2008).

8. Robert E. Goodin, Liberal Multiculturalism: Protective and Polyglot, *Political Theory*, Vol. 34, No.3 (2006).

9. Chandran Kukathas, Equality and Diversity, politics, *philosophy & economics*, Vol. 1, No.2 (2002).

10. Rainer Baubock, What went wrong with liberal multiculturalism? *Ethnicities*, Vol. 8, No.2 (2008).

11. Taric Modood，Their liberalism and our multiculturalism? *British Journal of Politics and International Relations*，Vol. 3，No. 2 (2001)．

12. Alan Patten，Liberal Neutrality and Language Policy，*Philosopy & Public Affairs* Vol. 31，No. 4 (2003)．

13. Bhikhu Parekh，Dillema of A Multicutural Theory Of Citizenship，*Constellations* Vol. 4，No.1 (1997)．

14. Rainer Forst，Foundations of a Theory of Multicultural Jusitice，*Constellations* Vol. 4，No.1 (1997)．

15. baogang he，Confucianism Versus Liberalism Over Minority Rights：A Critical Response to Will Kymlicka，*Journal of Chinese Philosophy*，Vol. 31，No.1 (1997)．

16. Gwendolyn Sasse，Kymlicka's odyssey – lured by norms into the rocks of politics，*Ethnicities*，Vol. 8，No.2 (2008)．

17. Christine Chwaszcza，Review symposium：The theory and practice of multicultural theorizing，*Ethnicities*，Vol. 8，No.2 (2008)．

18. Carl Knight，Liberal Multiculturalism Reconsidered，*Politics*，Vol. 24，No.3 (2004)．

中文著作类：

外文译著类：

1.《马克思恩格斯全集》第 1 卷，人民出版社 1956 年版。

2.《共产党宣言》，人民出版社 1997 年版。

3.《家庭、私有制和国家的起源》，人民出版社 2003 年版。

4.［英］戴维·米勒等：《布莱克维尔政治学百科全书》，中国政法大学出版社 2002 年版。

5.［加］威尔·金里卡：《多元文化公民权：一种有关少数族群权利的自由主义理论》，杨立峰译，上海译文出版社 2009 年版。

6.［加］威尔·金里卡：《自由主义、社群与文化》，应奇、葛水林译，上海译文出版社 2005 年版。

7.［加］威尔·金里卡：《少数的权利：民族主义、多元文化主义和公民》，邓红风译，上海译文出版社 2005 年版。

8.［加］威尔·金里卡：《当代政治哲学》，刘莘译，上海三联书店 2004 年版。

9.［英］特纳：《公民身份与社会理论》，郭忠华、蒋红军译，吉林出版集团公司 2007 年版。

10.［美］菲利克斯·格罗斯：《公民与国家》，王建娥、魏强译，新华出版社 2003 年版。

11.［英］尼森·史蒂文森编：《文化与公民身份》，陈志杰译，吉林出版集团公司 2007 年版。

12.［英］德里克·希特：《何谓公民身份》，郭忠华译，吉林出版集团 2007 年版。

13.［英］巴特·范·斯廷博格编：《公民身份的条件》，郭台辉译，郭忠华校，吉林出版集团 2007 年版。

14.［美］基思·福克斯：《公民身份》，郭忠华译，吉林出版集团 2009 年版。

15.［英］露斯·里斯特：《公民身份：女性主义的视角》，郭忠华译，吉林出版集团 2010 年版。

16. [英] 莫里斯·罗奇著《重新思考公民身份——现代社会中的福利、意识形态和变迁》，郭忠华、黄冬娅、郭韵、何惠莹译，吉林出版集团 2010 年版。

17. [美] 克莱斯·瑞恩讲演：《异中求同：人的自我完善》，张沛、张源译，北京大学出版社 2001 年版。

18. [美] 本尼迪克特·安德森著，吴叡人译：《想象的共同体：民族主义的起源与散步》，上海世纪出版集团 2005 年版。

19. [美] 迈克尔·沃尔泽：《正义诸领域：为多元主义与平等一辩》，褚松燕译，译林出版社 2002 年版。

20. [法] 吉尔·德拉诺瓦：《民族与民族主义》，郑文彬、洪晖译，三联书店 2005 年版。

21. [西] 胡安·诺格著：《民族主义与领土》，徐鹤林、朱伦译，中央民族大学出版社 2009 年版。

22. [英] 斯蒂夫·芬顿：《族性》，劳焕强等译，中央民族出版社 2009 年版。

23. [美] 塞缪尔·亨廷顿：《我们是谁：美国国家特性面临的挑战》，程克雄译，新华出版社 2005 年版。

24. [美] 迈克尔·沃尔泽：《论宽容》，袁建华译，上海人民出版社 2000 年版。

25. [法] 阿兰·图海纳：《我们能否共同生存》，狄玉明、李平沤译，商务印书馆 2003 年版。

26. [美] 迈克尔·J. 桑德尔：《自由主义与正义的局限》，万俊人等译，译林出版社 2001 年版。

27. [美] 罗纳德·德沃金：《至上的美德：平等的理论与实践》，冯克利译，江苏人民出版社 2007 年版。

28. [美] 约翰·罗尔斯：《正义论》，何怀宏译，中国社会科学出版社 1988

年版。

29.［美］约翰·罗尔斯：《政治自由主义》，万俊人译，译林出版社 2000年版。

30.［英］以赛亚·伯林：《自由论》，胡传胜译，译林出版社 2003 年版。

31.［英］乔治·克劳德：《自由主义与价值多元论》，应奇等译，江苏人民出版社 2006 年版。

32.［英］齐格蒙特·鲍曼：《共同体》，欧阳景根译，江苏人民出版社 2007年版。

33.［加］查尔斯·泰勒：《现代性之隐忧》，程炼译，中央编译出版社 2001年版。

34.［加］查尔斯·泰勒：《自我的根源》，韩震等译，译林出版社 2001 年版。

35.［以］耶尔·塔米尔：《自由主义的民族主义》，陶东风译，上海世纪出版集团 2005 年版。

36.［美］罗纳德·德沃金：《认真对待人权》，朱伟等译，广西师范大学出版社 2003 年版。

37.［英］特德·C.卢埃林：《政治人类学导论》，朱伦译，中央民族大学出版社 2009 年版。

38.［英］爱德华·莫迪默、罗伯特·法·恩：《人民·民族·国家——族性与民族主义的含义》，刘泓、黄海慧译，中央民族大学出版社 2009 年版。

39.［美］罗纳德·德沃金：《认真对待权利》，信春鹰、吴玉章译，上海三联书店 2008 年版。

40.［美］威廉·A.盖尔斯顿：《自由多元主义：政治理论实践中的价值多元主义》，佟德志、庞金友译，江苏人民出版社 2005 年版。

41.［英］戴维·米勒：《社会正义原则》，应奇译，江苏人民出版社 2005

年版。

42. ［英］埃里克·霍布斯鲍姆：《民族与民族主义》，李金梅译，上海人民出版社 2006 年版。

43. ［英］安东尼·吉登斯：《民族—国家与暴力》，胡宗泽、赵力涛译，三联出版社 1998 年版。

44. ［英］安东尼·史密斯：《民族主义：理论，意识形态，历史》，叶江译，世纪出版集团 2006 年版。

45. ［英］昆廷·斯金纳、博·斯特拉斯主编：《国家与公民：历史·理论·展望》，彭利平译，华东师范大学出版社 2005 年版。

46. ［美］查尔斯·蒂利：《身份、边界与社会联系》，谢岳译，世纪出版集团 2008 年版。

47. ［美］彼得·雷森伯格：《西方公民身份传统——从柏拉图到卢梭》，郭台辉译，吉林出版集团 2009 年版。

48. ［加］菲利普·汉森：《汉娜·阿伦特：政治、历史与公民身份》，刘佳林译，江苏人民出版社 2004 年版。

49. ［美］汉娜·阿伦特：《人的条件》，竺乾威译，上海人民出版社 1999 年版。

50. ［美］汉娜·阿伦特：《论革命》，陈周旺译，译林出版社 2007 年版。

51. ［德］尤尔根·哈贝马斯：《公共领域的结构转型》，曹卫东等译，学林出版社 2005 年版。

52. ［德］尤尔根·哈贝马斯：《包容他者》，曹卫东译，上海人民出版社 2002 年版。

53. ［德］哈贝马斯：《交往行动理论》，洪佩郁、蔺菁译，重庆出版社 1994 年版。

54. [古希腊] 柏拉图:《理想国》，郭斌和、张竹明等译，商务印书馆 1986 年版。

55. [美] 加·阿尔蒙德、西·维巴:《公民文化》，马殿君等译，浙江人民出版社 1989 年版。

56. [美] 列奥·施特劳斯，约瑟夫·克罗波西:《政治哲学史》，李天然等译，河北人民出版社 1993 年版。

57. [美] 罗伯特·达尔:《多头政体——参与和反对》，谭君久、刘惠荣译，商务印书馆 2003 年版。

58. [美] 罗伯特·达尔:《民主及其批评者》，曹海军、佟德志译，吉林人民出版社 2006 年版。

59. [美] 罗伯特·达尔:《多元主义民主的困境》，周军华译，吉林人民出版社 2006 年版。

60. [法] 卢梭:《社会契约论》，何兆武译，商务印书馆 1980 年版。

61. [英] 洛克:《政府论》（下），瞿菊农、叶启芳译，商务印书馆 1995 年版。

62. [美] 乔治·霍兰·萨拜因:《政治学说史》，盛葵阳等译，商务印书馆 1986 年版。

63. [美] 塞缪尔·亨廷顿:《变化社会中的政治秩序》，王冠华等译，三联书店 1989 年版。

64. [美] 乔治·萨拜因:《政治学说史》（上下），邓正来译，上海人民出版社 2008 年版。

65. [美] 克里福德·格尔茨:《文化的解释》，韩莉译，译林出版社 1999 年版。

66. [美] 塞缪尔·亨廷顿:《文化的重要作用——价值观如何影响人类进步》，程克雄译，新华出版社 2005 年版。

67. [美] 塞缪尔·亨廷顿:《文明的冲突与世界秩序的重建》,周琪译,新华出版社 2002 年版。

68. [美] 约翰·麦克里兰:《西方政治思想史》,彭淮栋译,海南出版社 2003 年版。

69. [英] C. W. 沃特森:《多元文化主义》,叶兴艺译,吉林人民出版社 2005 年版。

70. [加] 詹姆斯·塔利:《陌生的多样性:歧异时代的宪政主义》,黄俊龙译,上海译文出版社 2005 年版。

71. [古希腊] 亚里士多德:《政治学》,吴寿彭译,商务印书馆 1983 年版。

72. [英] 约翰·格雷:《自由主义的两张面孔》,顾爱彬等译,江苏人民出版社 2002 年版。

73. [英] 约翰·密尔:《论自由》,叶启芳、程崇华译,商务印书馆 1982 年版。

74. [美] 戴维·莱文森:《世界各国的族群》,葛公尚、于红译,中央民族大学出版社 2009 年版。

75. [英] 沃森:《民族与国家——对民族起源与民族主义政治的探讨》,吴洪英、黄群译,中央民族大学 2009 年版。

76. [美] 麦金太尔:《追寻美德:伦理理论研究》,宋继杰译,译林出版社 2003 年版。

77. [德] 弗里德里希·梅尼克:《世界主义与民族国家》,孟钟捷译,上海三联书店 2007 年版。

78. [德] 尤尔根·哈贝马斯:《后民族结构》,曹卫东译,上海人民出版社 2002 年版。

79. [美] 蔡爱眉:《起火的世界》,刘怀昭译,中国大百科全书出版社 2005

年版。

80. [美] 里查德·罗蒂:《后哲学文化》, 黄勇译, 上海译文出版社 2009 年版。

81. [美] 里查德·罗蒂:《偶然、反讽与团结》, 徐文瑞译, 商务印书馆 2003 年版。

82. [英] 安东尼·吉登斯:《超越左与右——激进政治的未来》, 李惠斌、杨雪冬译, 社会科学文献出版社 2003 年版。

83. [美] 马尔库塞:《单向度的人》, 张峰译, 重庆出版社 1988 年版。

84. [美] 威廉·A.哈维兰:《文化人类学》, 瞿铁鹏、张钰译, 上海社会科学出版社 2006 年版。

85. [美] 马文·哈里斯:《文化的起源》, 黄晴译, 华夏出版社 1988 年版。

86. [英] 埃德蒙·利奇:《文化与交流》, 卢德平译, 华夏出版社 1991 年版。

87. [德] 卡西尔:《人论》, 甘阳译, 上海译文出版社 2004 年版。

88. [德] 恩斯特·卡西尔:《人文科学的逻辑》, 关子尹译, 上海译文出版社 2004 年版。

89. [英] 吉尔伯特·赖尔:《心的概念》, 徐大建译, 商务印书馆 1992 年版。

90. [德] 汉斯·格奥尔格·伽达默尔:《哲学解释学》, 夏镇平、宋建平译, 上海译文出版社 2004 年版。

91. [德] 汉斯·格奥尔格·伽达默尔:《真理与方法——哲学诠释学的基本特征》, 洪汉鼎译, 上海译文出版社 1986 年版。

92. [奥] 冯·路德维希·贝朗塔菲等:《人的系统观》, 张志伟等译, 华夏出版社 1989 年版。

93. [英] 菲克斯、泰勒:《社会认知:人怎样认识自己和他人》, 张庆林、陈兴强等译, 贵州人民出版社 1994 年版。

94. [瑞] 皮亚杰:《发生认识论原理》,熊哲宏译,商务印书馆1997年版。

95. [美] 唐纳德·坦嫩鲍姆、戴维·舒尔茨:《观念的发明者——西方政治哲学导论》,叶颖译,北京大学出版社2008年版。

96. [美] 丹尼尔·贝尔:《社群主义及其批评者》,李琨译,三联书店出版社2002年版。

97. 应奇编:《自由主义中立性及其批评者》,江苏人民出版社2007年版。

98. [美] 杜维明,儒家传统与文明对话,彭国翔编译,人民出版社2010年版。

99. [加] 贝淡宁:《超越自由民主》,李万全译,上海三联书店2009年版。

100. [英] 史蒂文·卢克斯:《个人主义》,阎克文译,江苏人民出版社2001年版。

101. [美] 约翰·凯克斯,《反对自由主义》,应奇译,江苏人民出版社2005年版。

102. [美] 凯文·奥尔森编:《伤害+侮辱——争论中的再分配、承认和代表权》,高静宇译,上海人民出版社2009年版。

103. [美] 克里福德·吉尔茨:《地方性知识——阐释人类学论文集》,王海龙、张家瑄译,中央编译出版社2004年版。

104. [古罗马] 西塞罗:《论老年论友谊论责任》,徐奕春译,商务印书馆2003年版。

105. [美] 茱迪·史坷拉:《美国公民权:寻求接纳》,刘满贵译,上海人民出版社2006年版。

106. [法] 邦雅曼·贡斯当:古代人的自由与现代人的自由,阎克文、刘满贵译,上海世纪出版集团2005年版。

107. [英] J. S. 密尔:《代议制政府》,汪瑄译,商务印书馆1982年版。

108. [美] 罗伯特·诺齐克：《无政府、国家与乌托邦》，姚大志译，中国社会科学出版社 2008 年版。

中文相关研究著作类：

1. 徐大同主编：《西方政治思想史》，天津教育出版社 2002 年版。

2. 徐大同主编：《当代西方政治思潮：70 年代以来》，天津人民出版社 2000 年版。

3. 王乐理主编：《西方政治思想史》（第一卷），天津人民出版社 2005 年版。

4. 丛日云主编：《西方政治思想史》（第二卷），天津人民出版社 2005 年版。

5. 高建主编：《西方政治思想史》（第三卷），天津人民出版社 2005 年版。

6. 吴春华主编：《西方政治思想史》（第四卷），天津人民出版社 2005 年版。

7. 马德普主编：《西方政治思想史》（第五卷），天津人民出版社 2005 年版。

8. 唐士其：《西方政治思想史》，北京大学出版社 2002 年版。

9. 王彩波主编：《西方政治思想史》，中国社会科学出版社 2004 年版。

10. 马啸原：《西方政治思想史纲》，高等教育出版社 2007 年版。

11. 丛日云：《西方政治文化传统》，吉林出版集团 2007 年版。

12. 马德普：《普遍主义的贫困——自由主义政治哲学批判》，人民出版社 2005 年版。

13. 吴春华：《当代西方自由主义》，中国社会科学出版社 2004 年版。

14. 李强：《自由主义》，吉林出版集团 2007 年版。

15. 徐迅：《民族主义》，中国社会科学出版社 2008 年版。

16. 俞可平：《社群主义》，中国社会科学出版社 2008 年版。

17. 马德普主编：《中西政治文化论丛》（第 2 辑），天津出版社 2002 年版。

18. 马德普主编：《中西政治文化论丛》（第 3 辑），天津出版社 2002 年版。

19. 马德普、威尔·金里卡主编：《中西政治文化论丛》（第 4 辑），天津出版社 2002 年版。

20. 马德普、威尔·金里卡主编：《中西政治文化论丛》（第 6 辑），天津出版社 2002 年版。

21. 许纪霖主编：《共和、社群与公民》，江苏人民出版社 2004 年版。

22. 杨洪贵：《澳大利亚多元文化主义》，西南交通大学出版社 2007 年版。

23. 张海洋：《中国的多元文化主义与中国人的民族认同》，民族出版社 2006 年版。

24. 马戎：《民族社会学》，北京大学出版社 2004 年版。

25. 何包钢：《民主理论：困境和出路》，法律出版社 2008 年版。

26. 常士闿主编：《异中求和：当代西方多元文化主义政治思想研究》，人民出版社 2009 年版。

27. 陈云生：《宪法人类学》，北京大学出版社 2005 年版。

28. 费孝通：《中华民族多元一体格局》，中央民族大学出版社 1989 年版。

29. 徐杰舜：《从多元走向一体》，广西民族大学出版社 2009 年版。

30. 王建娥、陈建樾等：《族际政治与现代民族国家》，社会科学文献出版社 2004 年版。

31. 周光大主编：《现代民族学》（上下卷），云南人民出版社 2009 年版。

32. 周平：《民族政治学》，高等教育出版社 2003 年版。

33. 黄淑娉、龚佩华：《文化人类学理论方法研究》，广东高等教育出版社 2004 年版。

34. 江宜桦：《自由主义、民族主义与国家认同》，扬智文化事业有限公司 1998 年版。

35. 赵汀阳：《天下体系》，江苏教育出版社 2005 年版。

36. 张静：《法团主义》，中国社会科学出版社 2005 年版。

37. 葛公尚：《20 世纪世界民族问题报告》，民族出版社 2005 年版。

38. 徐晓萍、金鑫：《中国民族问题报告》，中国社会科学出版社 2008 年版。

39. 雷振扬、朴永日主编：《中国民族自治地方发展评估报告》，民族出版社 2006 年版。

40. 周勇：《少数人权利的法理》，社会科学文献出版社 2002 年版。

41. 陈建樾：《台湾"原住民"历史与政策研究》，社会科学文献出版社 2009 年版。

42. 庄孔韶：《人类学概论》，中国人民大学出版社 2006 年版。

43. 姚大志：《何谓正义：当代西方政治哲学研究》，人民出版社 2007 年版。

44. 杜维明：《东亚价值与多元现代性》，中国社会科学出版社 2001 年版。

45. 蔡英文：《当代政治思潮》，三民书局 2009 年版。

46. 郑永年：《中国模式：经验与困局》，浙江人民出版社 2010 年版。

47. 郭忠华、刘训练编：《公民身份与社会阶级》，江苏人民出版社 2007 年版。

48. 汪晖、陈燕谷主编：《文化与公共性》，三联书店出版社 2005 年版。

49. 林火旺：《正义与公民》，吉林出版集团公司 2008 年版。

50. 李林、李西霞等主编：《少数人的权利》，社会科学文献出版社 2010 年版。

51. 马德普等：《普遍主义与多元文化——霸权主义与恐怖主义的文化根源及其关系研究》，人民出版社 2010 年版。

52. 田艳：《中国少数民族基本文化权利法律保障研究》，中央民族大学出版社 2008 年版。

53. 马曼丽、张树青：《跨国民族理论问题》，民族出版社 2005 年版。

54. 陈衍德、彭慧、高金明、王黎明：《全球化进程中的东南亚民族问题研究——以少数民族的边缘化和分离主义运动为中心》，厦门大学出版社 2008 年版。

55. 李道湘、于铭松主编:《中华文化与民族凝聚力》,中央编译出版社 2007 年版。

中文论文类:

学位论文:

1. 张培伦:《族群差异权利之道德证成——秦力克自由主义多元文化论之可能性》,国立台湾大学哲学研究所博士论文,2005 年。

2. 高景柱:《平等与责任之间——罗纳德·德沃金平等理论批判》,中山大学政治与公共事务管理学院政治学理论专业博士论文,2009 年。

3. 李丽红:《文化多元、政治一体——西方多元文化主义政治理论评析》,天津师范大学政治与行政学院政治学理论专业博士学位论文,2006 年。

4. 李丽红:《和而不同,一体多元》,天津师范大学政治与行政学院政治学理论专业硕士学位论文,2003 年。

5. 祁晋文:《求同存异:政治秩序下的多元文化共存——凯姆利卡多元文化主义政治思想研究》,天津师范大学政治与行政学院政治学理论专业硕士学位论文,2005 年。

6. 詹晋洁:《论美国多元文化主义的形成及其与自由主义民主的相互影响》,陕西师范大学历史文化学院政治学理论专业硕士学位论文,2002 年。

7. 陈彩霞:《多元文化主义与自由主义的分歧与争论》,天津师范大学政治与行政学院硕士学位论文,2008 年。

8. 雷艳:《从"民族国家"到"公民国家"——关于解决中国民族问题的路径思考》,西南大学外国哲学专业硕士学位论文,2009 年。

9. 王晓迪：《美国多元文化主义权利理论评析》，新疆大学法学理论专业硕士学位论文，2008年。

10. 张国军：《价值多元论与自由主义：证成还是反对?》，天津师范大学政治与行政学院政治学理论专业硕士学位论文，2008年。

11. 严俊：《西方公民身份理论探析》，上海师范大学法政学院政治学理论专业硕士学位论文，2004年。

12. 赵翔：《伯林与文化民族主义》，西南大学文艺学专业硕士学位论文，2008年。

13. 徐晶：《从文化与身份的角度看多元化与边缘化的关系》，四川大学外国语学院英语语言文学专业硕士学位论文，2006年。

14. 侯万锋：《多民族国家的政治整合研究》，西北师范大学政治学理论专业硕士学位论文，2007年。

15. 黄骞：《多元文化主义与澳大利亚民族认同》，华东师范大学外语学院英语语言文学专业硕士学位论文，2008年。

16. 张丽剑：《"民家情"——散杂居背景下的族群认同》，中央民族大学民族学与社会学学院民族学专业博士学位论文，2007年。

17. 黄少华：《网络空间的族群认同——以中穆BBS虚拟社群中的族群认同为例》，兰州大学民族学研究院民族学专业博士学位论文，2006年。

18. 李晶：《朝鲜族的认同意识研究》，中央民族大学民族学与社会学学院民族学专业博士学位论文，2007年。

19. 范宇：《社会环境、历史记忆与族群认同——以开封犹太人后裔为个案的研究》，河南师范大学民俗学专业硕士学位论文，2005年。

20. 陈星卫：《自由主义框架下的多元文化共存——金里卡多元文化主义思想研究》，天津师范大学政治与行政学院政治学理论专业，2012年。

21. 唐立志：《自我与文化成员身份——论威尔·金里卡的少数群体权利思想》，上海师范大学哲学学院外国哲学专业硕士论文，2013 年。

22. 赵佳：《文化成员身份认同的困境》，天津师范大学政治与行政学院政治学理论专业硕士学位论文，2013 年。

中文期刊：

1. 曾纪茂：《共和主义与公民参与——评金里卡〈当代政治哲学〉中关于共和主义的评述》，《四川大学学报》2005 年第 5 期。

2. 钱永祥：《为政治寻找理性——威尔·金里卡〈当代政治哲学〉中译本导读》，《开放时代》2003 年第 6 期。

3. 闻晓祥：《重构新自由主义平等待人的理念——兼评金里卡的道德直觉说》，《社会科学辑刊》2009 年第 6 期。

4. 朱联碧：《"多元文化主义"与"民族—国家"的建构》，《世界民族》2008 年第 1 期。

5. 常士閞：《多元文化与民族共治——凯米利卡多元文化主义政治思想研究》，《天津师范大学学报》2004 年第 1 期。

6. [加] 威尔·金里卡，《自由的多元文化主义：西方模式、全球趋势和亚洲争论》，《马克思主义与现实》2006 年第 1 期。

7. 郭忠华：《当代公民身份的理论轮廓——新范式的探索》，《公共行政评论》2008 年第 6 期。

8. 李攀：《对公民身份双重维度的演变分析》，《重庆社会科学》2007 年第 3 期。

9. 商红日：《公民概念与公民身份理论》，《上海师范大学学报》2008 年第 6 期。

10. 郭忠华：《公民身份的研究范式——理论把握与本土化解释》，《学海》2009 年第 3 期。

11. 祁进玉：《公民身份与国家认同：我国少数民族地区的公民教育实践》，《黑龙江民族丛刊》2009 年第 1 期。

12. 欧阳景根：《建构中国的公民身份理论：作为一种内化伦理的积极公民身份的建设》，《晋阳学刊》2008 年第 3 期。

13. 曹海军：《论公民身份的二重性》，《学海》2008 年第 3 期。

14. 唐玉：《论公民身份的分歧与整合》，《浙江学刊》2007 年第 6 期。

15. 李艳霞：《西方公民身份的历史演进与当代拓展》，《厦门大学学报》2006 年第 3 期。

16. 朱伦：《西方的"族体"概念系统——从"族群"概念在中国的应用错位说起》，《中国社会科学》2005 年第 4 期。

17. 朱伦：《民族共治论——对当代多民族国家族际政治事实的认识》，《中国社会科学》2001 年第 4 期。

18. 刘擎：《伯林与自由民族主义：从观念分析向社会学视野的转换》，《社会学研究》2006 年第 2 期。

19. 应奇：《从自由民族主义到宪法爱国主义——文化多元主义境遇中的政治论证》，《社会科学战线》2002 年第 1 期。

20. 许纪霖：《现代中国的自由民族主义思潮》，《社会科学》2005 年第 1 期。

21. 王建娥：《族际政治视野中的自治、共治和多元文化主义》，《民族研究》2009 年第 3 期。

22. 陈建樾：《多元一体：多民族国家内部的族际整合与合法性》，《中央民族大学学报》2003 年第 5 期。

23. 贾奋然：《本质主义与历史主义的悖论》，《浙江社会科学》2002 年第 1 期。

24. 马德普、常士訚：《多元文化存在的不可避免性与人类文化的繁荣》，《云南行政学院学报》2009 年第 5 期。

25. 马德普：《价值问题的复杂性与"普世价值"概念的误导性》，《政治学研究》2009 年第 1 期。

26. 宋建丽：《文化差异群体的身份认同与社会正义——多元文化主义对自由主义的挑战》，《哲学动态》2009 年第 8 期。

27. 张国军：《在平等与差异之间——自由主义与多元主义的论争》，《云南行政学院学报》2008 年第 4 期。

28. 德全英：《现代认同、多元文化与公民理论》，《法制与社会发展》2008 年第 4 期。

29. 何晓芳：《艾丽斯·杨的多元文化主义公民资格观与公民教育观探析》，《比较教育研究》2005 年第 2 期。

30. 宋建丽：《差异公民资格与正义：艾利斯·马瑞恩·杨政治哲学探微》，《妇女研究论丛》2007 年第 5 期。

31. 常士訚：《超越多元文化主义——对加拿大多元文化主义政治思想的反思》，《世界民族》2008 年第 4 期。

32. 吕普生：《多元文化主义对族裔少数群体权利的理论建构》，《民族研究》2009 年第 4 期。

33. 郑莉：《从宽容走向团结——探求多元文化主义的内涵及实现的可能途径》，《学习与探索》2007 年第 3 期。

34. 戴晓东：《当代民族认同危机之反思——以加拿大为例》，《世界经济与政治》2005 年第 5 期。

35. 常士訚：《当代西方多元主义发展基本趋向分析》，《教学与研究》2003 年第 8 期。

36. 荣司平：《多元文化主义的价值诉求及其论争》，《青海师范大学学报》（哲学社会科学版）2006 年第 4 期。

37. 阮西湖：《当前外国民族理论的主要流派》，《内蒙古社会科学》1991 年第 5 期。

38. 杨洪贵：《多元共存，和谐共处——试论多元文化主义》，《新疆社会科学》2006 年第 3 期。

39. 韩家炳：《多元文化、文化多元主义、多元文化主义辨析——以美国为例》，《史林》2006 年第 5 期。

40. 黄力之：《多元文化主义的悖论——对亨廷顿理论的再评价》，《哲学研究》2003 年第 9 期。

41. [英] 斯图亚特·霍尔：《多元文化问题的三个层面与内在张力》，李庆本译，《江西社会科学》2007 年第 3 期。

42. 陈刚：《多元文化与民族认同》，《华中科技大学学报》（社会科学版），2007 年第 3 期。

43. 常士䛡：《民族政治与多民族国家的政治整合——当代西方族群政治论局限与中国和谐民族观的意义》，《中共福建省委党校学报》2006 年第 3 期。

44. 王天玅：《多元文化主义与民族主义》，《学术论坛》2008 年第 3 期。

45. 葛水林、刘训练：《多元文化主义：美国的特洛伊木马？——阿尔文·施密德对多元文化主义的批判》，《云南行政学院学报》2007 年第 3 期。

46. [美] 圣·胡安：《全球化时代的多元文化主义症结》，肖文燕编译，《马克思主义与现实》2003 年第 1 期。

47. 周丹：《多元文化主义的产生及内涵》，《内蒙古社会科学》（汉文版）2006 年第 2 期。

48. 韩家炳：《加拿大和美国学者关于多元文化主义的评论》，《国外社会科学》

2006 年第 4 期。

49. 杨洪贵：《文化多样性及其处理模式》，《贵州社会科学》2007 年第 1 期。

50. 王希：《多元文化主义的起源、实践与局限性》，《美国研究》2000 年第 2 期。

51. 侯万锋：《多元文化主义对多民族国家政治整合的启示——以美国和加拿大为例》，《黑龙江民族丛刊》（双月刊）2009 年第 1 期。

52. 李丽红：《多元文化主义与"美国的分裂"——解读阿瑟·施莱辛格对多元文化主义的批判》，《中共云南省委党校学报》2007 年第 6 期。

53. [美] 詹姆斯·博曼：《公共协商和文化多元主义》，陈家刚译，《马克思主义与现实》2006 年第 3 期。

54. 常士阔：《西方多元文化主义争论、内在逻辑及其局限》，《政治学研究》2006 年第 1 期。

55. 李晶：《西方多元文化主义政策评析》，《马克思主义与现实》2006 年第 6 期。

56. [丹麦] 格雷斯：《亨廷顿"文明冲突"论的潜台词》（上），潘忠岐、陈威校译，《国外社会科学文摘》1998 年第 8 期。

57. [丹麦] 格雷斯：《亨廷顿"文明冲突"论的潜台词》（下），潘忠岐、陈威校译，《国外社会科学文摘》1998 年第 9 期。

58. [美] 马克·波斯特：《后现代性与多元文化主义政治：利奥塔德与哈贝马斯关于社会理论的论争》，刘尧译，《齐齐哈尔师范学院学报》1995 年第 2 期。

59. 董小川：《美国多元文化主义理论再认识》，东北师大学报（哲学社会科学版），2005 年第 2 期。

60. 韩家炳：《加拿大与美国多元文化主义异同略论》，《中国社会科学院研究生院学报》2007 年第 4 期。

61. 李晓霞：《论我国民族文化政策的"求同"与"存异"》，《新疆大学学报》（社会科学版）2003 年第 1 期。

62. 符岛：《美国文化的碰撞——略评〈我们是谁：美国国家特性面临的挑战〉》，《广西社会科学》2005 年第 11 期。

63. [美] 阿瑞夫·德里克：《全球化的现代性、文化及普世主义的问题》，沈小波译，《厦门大学学报》（哲学社会科学版）2006 年第 1 期。

64. 庞金友：《族群身份与国家认同：多元文化主义与自由主义的当代论争》，《浙江社会科学》2007 年第 4 期。

65. 王春来：《试析美国多元文化主义论争中的保守主义立场》，《历史教学问题》2007 年第 2 期。

66. 刘曙辉：《文化多元主义的宽容困境》，《湖南科技大学学报》（社会科学版）2008 年第 3 期。

67. 王宁：《文化相对主义、文化多元主义和比较文学东方学派的崛起——兼评亨廷顿〈文明的冲突〉》，《北京大学学报》（哲学社会科学版）1994 年第 5 期。

68. 阿思根：《西方族性与多元文化主义原理初探》，《内蒙古民族大学学报》（社会科学版）2005 年第 2 期。

69. 仇朝兵：《一个被撕裂的美国社会？——评亨廷顿的〈我们是谁?〉》，《美国研究》2006 年第 3 期。

70. 常士闇：《当代西方文化政治之争审视》，《政治学研究》2004 年第 2 期。

71. 常士闇：《国家的统一：多民族国家所坚持的基本原则》，《理论与现代化》2006 年第 3 期。

72. 常士闇：《异中求和：当代族际和谐治理的新理念》，《中国行政管理》2009 年第 7 期。

73. 常士闇：《和谐理念与族际政治整合》，《政治学研究》2009 年第 4 期。

74. 王建娥:《族际政治视野中的自治、共治和多元文化主义》,《民族研究》2009 年第 3 期。

75. 张慧卿:《西方"模式"可以输出吗?——金里卡少数权利理论述评:西方与中、东欧比较的视角》,第七届中俄罗经济社会发展比较论坛会议论文。

76. [加] 威尔·金里卡:《少数群体权利的国际化》,张慧卿、高景柱译,《政治思想史》2010 年第 2 期。

77. 胡兴东:《国际社会对少数民族权利保护趋势》,《云南民族大学学报》2006 年第 4 期。

78. 周伟:《各国宪法对少数民族权利的保护》,《社会科学研究》2000 年第 2 期。

79. 宋丽弘:《少数民族权利保障的国际立法与我国相关法律制度》,《国外理论动态》2009 年第 4 期。

80. 吴双全:《论少数人权利特殊保护的必要性》,《东岳论丛》2010 年第 3 期。

81. 沈寿文:《中国少数民族人权述评——基于政治权利的角度》,《云南大学学报》2007 年第 2 期。

82. 牟钟鉴:《是天下一家还是弱肉强食——儒学天下观的当代意义》,《探索与争鸣》2007 年第 1 期。

83. 林琳:《儒家思想与民族文化认同》,《社会科学战线》2008 年第 5 期。

84. 晁福林:《略论古代中国民族精神的历史进程》,《天津社会科学》2007 年第 5 期。

85. 周平:《论民族的两种基本类型》,《云南行政学院学报》2010 年第 1 期。

86. 陈建樾:《认同与承认——基于西方相关政治理论的思考》,《民族研究》2010 年第 3 期。

87. 马戎:《理解民族关系的新思路——少数族群问题的"去政治化"》,《北京大学学报》（哲学社会科学版）2004 年第 6 期。

88. 蔡宗模：《自由与正义之辩：读威尔·金里卡〈当代政治哲学〉（上)》，《社会科学论坛》2010 年第 6 期。

89. 蔡宗模：《多元与共存之维：读威尔·金里卡〈当代政治哲学〉（下)》，《社会科学论坛》2010 年第 12 期。

90. 谢燕：《多元文化政策中的民族国家构建——读〈少数的权利——民族主义、多元文化主义和公民〉》，《今日南国》2010 年第 1 期。

91. 黄其松：《多元文化、少数民族权利与民族国家建构——以金里卡多元文化主义理论为中心的考察》，《贵州社会科学》2012 年第 1 期。

92. 雷振扬：《威尔·金里卡的少数群体权利思想探析》，《中南民族大学学报》（人文社会科学版）2012 年第 4 期。

后　记

本书是在我博士论文的基础上修改而成的。

2008 年，我暂别海岛舒适安逸的生活，北上求学。博士三年，是我迄今为止最为奔波、最为艰难的三年，也是我最为充实、收获颇丰的三年。在那三年里，我读的书超过了以往三十年读书的总和。在撰写论文的过程中，我不止一次地怀疑：资质驽钝、生性顽劣、贪图享受的我，能否如期完成一项如此大的工程。终于我完成了，并顺利通过答辩，这得益于老师、同学、亲人朋友们的支持、帮助和监督。

我的导师马德普教授治学严谨，博士论文从选题、到拟订大纲、整体结构、遣词造句都倾注了马老师的大量心血。遗憾的是，尽管我很早就确定了选题，但由于种种主、客观原因，该论文完成得仍旧很仓促，离马老师的期望相距甚远。对此，我深感愧疚和遗憾，我将以加倍的努力弥补这一遗憾。师母纪翠荣老师多次帮助我解决思想上的困惑。马老师和纪老师把每个学生都当成自己的孩子，他们记得每个学生的喜好，我们为此感动不已。能遇到马老师这样的导师和纪老师这样的师母，真的是我此生的幸运。

徐大同先生年过八旬，声如洪钟、思维敏捷，和先生的每次畅谈，都让我受益匪浅，我会谨记先生"学学问、学做学问、学做人"的教诲。祝愿先生和师母健康长寿，先生和师母的健康是我们这些晚辈的福气。高建教授、吴春华教授和常士闿教授对我在攻读博士学位期间的学习、论文撰写以及生活都有很大帮助，让我在求学之余，感受到大家庭般的温暖。佟德志教授、刘训练老师、高景柱老师都对我的博士论文有所启发，在此深表感谢。

我要特别感谢金里卡先生。我的每一封邮件，他都认真回复，并毫无保留地把他尚未发表的论文提供给我，真诚地和我交流他的思想，使我在论文写作过程中少走弯路。惭愧的是，我对金里卡先生的思想挖掘得仍旧不够深刻到位。博士毕业后，我仍旧继续深入阅读金里卡先生的作品，并继续保持与金里卡先生的交流。

我要感谢各位师兄弟姐妹，还有我的好朋友们，是你们陪我一起欢笑、一起流泪、一起争论、一起对酒当歌，正是因为彼此的关爱，让我们的博士生活如此丰富多彩。我还要感谢海南大学政治与公共管理学院的各位同人，正是你们帮我处理工作中的各种问题，使我能够精力相对集中地完成学业。

我要感谢我的父母几十年如一日的默默奉献，并为自己不能照顾母亲，却让母亲为自己照顾孩子而感到内疚。感谢我的爱人刘智军，感谢他对我的包容与纵容，我能理解他又当爹又当娘的艰辛。正是因为爱人的理解和支持，让我虽然穿梭于海南、天津、江苏三地，内心却感到无比的安宁。感谢我的儿子，给了我无穷的欢乐与动力。由于我在外求学，爱人工作调动，我的儿子从三岁起就开始"走南闯北"，不断地适应新环境。他从赖在妈妈怀里不肯松手，到像个小男子汉一样开始保护妈妈，他总说"妈妈，没事，让我来"。每每这时，我总是感到欣慰又辛酸。每次和孩子分别，总是忍不住泪流满面。尽快回到孩子身边，成为我当年写论文的最大动力，正是孩子的笑容和童言稚语陪伴我度过了一个个难眠之夜。

在博士毕业后的五年内，金里卡的少数族群权利理论有了进一步的发展，也面临西方自由民主国家现实的冲击，特别是最近欧洲的难民危机进一步暴露了这一理论的局限性，笔者恰好在此期间在英国伯明翰大学访学，得以亲见，并且与系里的各位学者进行探讨，这更加促发了笔者对这一问题的观察和思考。

感谢江苏大学的各位同人在我访学期间给予我的各种帮助，使我能够集中精力完成对书稿的修改。

张慧卿

2016 年 9 月

责任编辑:武丛伟

封面设计:姚　菲

图书在版编目(CIP)数据

金里卡少数族群权利理论研究/张慧卿 著. —北京:人民出版社,2016.12

ISBN 978－7－01－016938－5

Ⅰ.①金…　Ⅱ.①张…　Ⅲ.①金里卡-公民权-研究　Ⅳ.①D097.11

中国版本图书馆 CIP 数据核字(2016)第 273287 号

金里卡少数族群权利理论研究

JINLIKA SHAOSHU ZUQUN QUANLI LILUN YANJIU

张慧卿　著

人民出版社 出版发行

(100706　北京市东城区隆福寺街 99 号)

北京汇林印务有限公司印刷　新华书店经销

2016 年 12 月第 1 版　2016 年 12 月北京第 1 次印刷

开本:710 毫米×1000 毫米 1/16　印张:14.5

字数:210 千字

ISBN 978－7－01－016938－5　定价:42.00 元

邮购地址 100706　北京市东城区隆福寺街 99 号

人民东方图书销售中心　电话 (010)65250042　65289539